地狱

李载禄博士

URIM BOOKS

本书所引圣经经文取自
《现代标点和合本》

目 录

"后来那讨饭的死了，
被天使带去放在亚伯拉罕的怀里。
财主也死了，并且埋葬了。
他在阴间受痛苦，举目远远地望见亚伯拉罕，
又望见拉撒路在他怀里，
就喊着说：'我祖亚伯拉罕哪，可怜我吧！
打发拉撒路来，用指头尖蘸点水，凉凉我的舌头，
因为我在这火焰里，极其痛苦。'
亚伯拉罕说：'儿啊，你该回想你生前享过福，
拉撒路也受过苦。
如今他在这里得安慰，你倒受痛苦。
不但这样，并且在你我之间，有深渊限定，
以致人要从这边过到你们那边是不能的；
要从那边过到我们这边也是不能的。'
财主说：'我祖啊，既是这样，求你打发拉撒路到我父家去，
因为我还有五个弟兄，
他可以对他们作见证，
免得他们也来到这痛苦的地方。'
亚伯拉罕说：'他们有摩西和先知的话可以听从。'
他说：'我祖亚伯拉罕哪，不是的，
若有一个从死里复活的，到他们那里去的，他们必要悔改。'
亚伯拉罕说：'若不听从摩西和先知的话，
就是有一个从死里复活的，
他们也是不听劝。'"

路加福音16章22-31节

自 序

盼望所有读者都能明白神的大爱，

不愿一人沉沦，乃愿万人得救；

深愿每个灵魂都能进入美好的天国。

现今一谈起天国和地狱，很多人就会怀疑："在科学文明高度发达的今日，此话怎能相信呢！""你到过天国和地狱吗？""人死后才会知道死后的事。"

但是，对于死后的世界，我们必须事先有所了解，若是死了之后才知道，那就为时已晚了。因为，我们一旦结束在人世间短暂的生命，就再也不可能"重返人间"了。

神透过圣经指引了得救之路，并告诉我们天国与地狱的存在，以及势必进行的末日大审判。另一方面，神也透过旧约时代的先知和耶稣，显明惟有神才具有的惊人大能。

圣经中所记载的神迹奇事，证实神的存在和圣经的真实性。神也启示属祂的儿女，使他们看到天国和地狱，并透过他们的见证，向未信耶稣的人传福音。

耶稣基督即将再临之际，神让我目睹了天国和地狱，并吩咐我向全世界广为宣传。当我讲述地狱下阴间的恐怖之状时，众多圣徒为那些遭受痛苦折磨的灵魂感到恐惧和惋惜，甚至有人还流下了眼泪。

地狱的下阴间，是未得救的灵魂在进行白色大宝座审判以前，暂时受刑的地方；大审判过后他们将受更难忍的折磨和痛苦。那时每个灵魂都将按着各自罪恶的轻重，被投入火湖或硫磺火湖。

本书以圣经的记载为基础，阐述了在圣灵感动中神启示的话语，使千千万万的人能够了解地狱的可怕，因而离弃罪恶，走向得救之路。

《天国》一书里，生动记载并描述了天国的情景和生活，为渴慕天上家乡的人带来期待和盼望。

为使万人得救，神将祂的独生爱子赐给我们，并恳切盼望所有灵魂都能进入美好的天国，享受永恒的幸福，免受地狱的刑罚。神视你我为至宝，只要有一个灵魂凭着信心得救，祂就会与天使、天军一起欢呼庆祝。

此次《地狱》一书得以问世，全是父神的启示，愿把一切荣耀归于父神。并盼望读者能透过此书，明白神不愿一人沉沦、乃愿万人得救的旨意，因而拥有真正的信心，成为传福音、报喜讯、有佳美脚踪的人。

　　我要在此向本教会编辑部——宾锦善部长及全体同工所付出的努力，致上衷心的谢意。也奉主耶稣基督的圣名祝福每一位阅读此书的人，能真正了解来世和末日大审判，而走向救赎之路。

李 载 禄 博士

简 介

盼望所有的灵魂都能牢记
地狱的恐怖之状，
警醒度日，进而走出死亡的幽谷，
步向得救之路。

李载禄博士在圣灵的感动中，蒙神启示，写下《地狱》一书，为许许多多的人揭示了人死后的世界——残酷而可怕的地狱，以警戒世人。为此，将一切荣耀与感谢，归于赐给宝贵的教导与启示的父神。

如今有好多人仍怀疑死后的世界，但靠人的能力无法得到正确的解答。圣经里对地狱的悲惨与恐怖略有记述，本书根据圣经真理，分成九章，详细而生动地揭示了地狱的阴森与恐怖。

第一章/天国和地狱确实存在吗？

本章介绍天国和地狱的结构，并以路加福音十六章"财主和讨饭的拉撒路"为实例，介绍在旧约时代得救的灵魂暂时居住的"上阴间"，和未能得救的灵魂在"下阴间"遭受痛苦的情形。

第二章/未曾听过福音的人如何才能得救?

什么是"良心审判"?本章分别针对因堕胎或流产等原因早逝的胎儿、从出生到五岁的幼儿、六岁到青春期的孩童将如何得救,作了具体的说明。

第三章/属于地狱的下阴间与地狱使者的真实身份

未得救的灵魂在地狱里,遭遇十分悲惨。先被拉入下阴间等候三天,其后依据罪恶的轻重,分别被打入不同的居所,接受残酷的刑罚,直到进行白色大宝座审判。本章也对掌管下阴间的邪灵作了详细介绍。

第四章/未得救的孩童在下阴间受何种刑罚?

请注意!即使是不懂事的孩童也有可能无法得救!这种情况下的胎儿、新生儿、学步儿、三岁至五岁幼儿,以及六岁至青春期前的孩童会受什么样的刑罚?本章都一一作了解说。

第五章/未得救且已过青春期的人在下阴间受何种刑罚?

已过青春期的人被打入地狱下阴间所受的刑罚,将按其罪恶的轻重划分为四种不同的层次。罪恶越重，被打入的层级越深，所受的痛苦也越重。

第六章/亵渎圣灵的人在下阴间受何种刑罚？

如同圣经所记载的，这种罪恶总不得赦免。本章对这种人在下阴间受的刑罚，以实例作详细的说明。

第七章/主耶稣再临后，落入七年大灾难的人如何得救？

现今世代正是圣经里所预言的世界末了，耶稣基督的再临之日已经不远，本章指出主耶稣空中降临之后将会发生的事情：落入七年大灾难的灵魂，只有殉道才有希望得救；想到天国参加七年婚筵大典，当更加渴慕追求，并要警醒做好新妇装扮。

第八章/白色大宝座审判后，被打入地狱的灵魂将受何种刑罚？

千年王国结束之后，将会进行白色大宝座审判。那时，未能得救的灵魂将从下阴间正式移入地狱，受应有的各项刑罚。另外，本章也具体阐述那些居住于地狱的邪灵将会受哪些刑罚。

第九章/慈爱的神为何创置了地狱？

神爱我们，甚至用祂独生爱子被钉十架舍命的代价来拯救我们。第九章："慈爱的神为何创置了地狱？"这一篇讲解，向读者揭示了具有如此洪恩大爱的神，究竟为何创置残酷地狱的缘由。

慈爱、怜悯的神乃是爱的本体。至今，父神仍用苦盼浪子归家的为父之心，期盼所有的灵魂都能认罪悔改归入主耶稣基督的名下。

但愿读者透过此书，真实相信地狱的存在，投入主的怀抱。也希望每位属神的儿女警醒度日，并为神的国和神的义尽心努力。奉主耶稣基督的圣名，向您献上由衷的祝福！

编辑部长　宾锦善

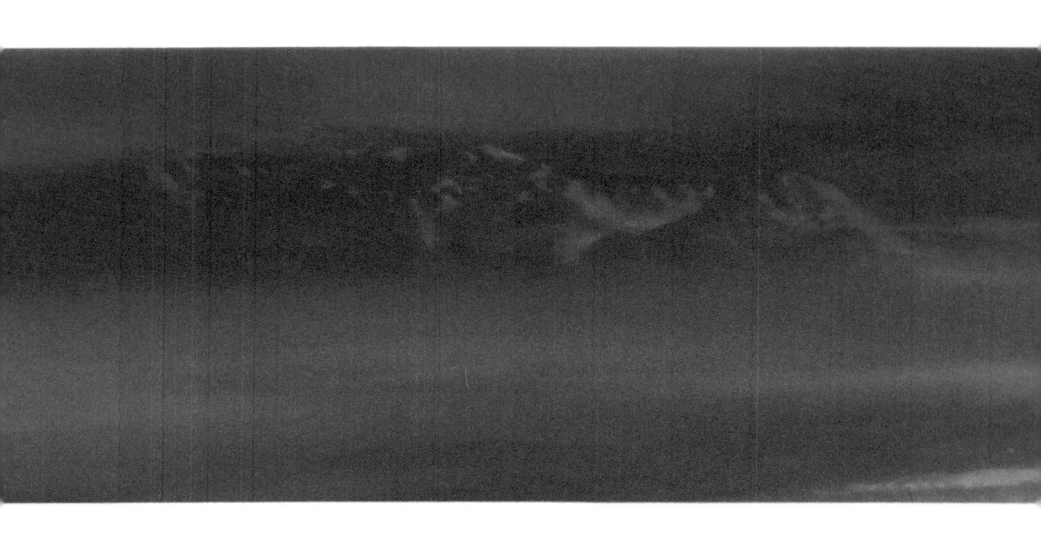

第一章

天国和地狱确实存在吗?

耶稣回答说:"因为天国的奥秘,
只叫你们知道,不叫他们知道。"

马太福音十三章11节

倘若你一只眼叫你跌倒,就去掉它。
你只有一只眼进入神的国,
强如有两只眼被丢在地狱里。

马可福音九章47节

在我们周围，有好多人深恐失去宝贵的生命，对死亡心存恐惧。这些人不相信人死之后另有一个世界，所以不肯寻求神。有的人表面上信神，却缺乏真诚的信心。

借由圣经，神已清楚地指出了人死后的世界——即天国和地狱的存在，但好多人由于愚昧，总是怀疑，不肯相信。

死后的世界，是人用肉眼看不到的属灵世界，没有神的启示是根本无从了解的。正如圣经中记载的，天国和地狱确实是存在的，神在世界各地拣选某些人看到死后世界，并希望他们向更多人宣扬：

"天国和地狱是确实存在的。
天国无限美好又华丽，地狱则是极其阴森恐怖！
人死之后另有世界，这是无庸置疑的事。
按着神给了我们个人的自由意志，可以进入天国，
也可能步入地狱。
但是，我还是奉劝大家：为了不落入地狱，
应彻底认罪悔改，及早接受耶稣基督。
地狱确实存在，是火烧火燎到难以忍受的苦难场所！
天国也确实存在，那是大家可以享受幸福的
永居之地。"

从一九八四年五月开始，神将有关天国的情况详细启示我；又在二○○○年三月开始，将地狱的情况也启示我。神吩咐我向世人

广为传扬，以免有人死后落入地狱，遭受永无止尽的火湖和硫磺火湖之刑。

神曾经让我知道一个事实：有个人生前有好多人向他传福音，他却始终不肯接受耶稣基督；死后，灵魂被打入属于地狱的下阴间，遭受永无止尽的痛苦。这时，他才无限悔恨地说出了如下的话：

"我数着日子，
数啊，数啊，怎么也数不完，
当初若是肯听劝，接受福音，
哪会有今天！

如今后悔莫及，
我想脱离这种苦境，但无能为力。

我数着一天、两天、三天……
不停地数着，
然而，时间对我漫无止境，
我撕心裂肺、肝肠寸断。
我该怎么办，怎么办！

我无法摆脱痛苦，
我的处境甚是凄惨啊！……"

1. 天国和地狱确实存在

希伯来书九章27节说："按着定命，人人都有一死，死后且有审判。"

人降生到世上，不论是谁，早晚都要面对死亡，死后且有大审判。或上天堂，或入地狱，必须选择其一。

神就是爱，祂盼望所有人都能进入天堂，哪怕是一个灵魂也不要落入地狱。因而神在万世以前预备了耶稣基督，在适当的时机差祂来到人间，为人类开启得救之路。

罗马书五章7-8节说："为义人死，是少有的；为仁人死，或者有敢作的。惟有基督在我们还作罪人的时候为我们死，神的爱就在此向我们显明了。"

神为了表明对人类的爱，连祂的独生子都献上为祭。所以不论是谁，只要从心里接受耶稣基督，在他的面前就会开启通往天国的路。

但遗憾的是，还有好多人，不论你如何费尽唇舌跟他传道，他对天堂和地狱仍然漠不关心，甚至逼迫传道的人。最让人难过的是，好多人口里宣称信神，却因未能体会天堂的美好和地狱的可怕，依然贪恋世间的罪中之乐。

所幸在我所服事的教会里，由于不断彰显神各种惊人的权能，大部分的圣徒都确信天国与地狱的存在，并能努力遵行神的话语。

透过圣经与曾到过天国和地狱之人来了解地狱

透过曾到过天国与地狱之人的分享，我们可以相信天国与地狱是真实存在的属灵世界，从而了解那里的情况。此外，圣经里也可查到不少相关的记载。

比如：神为了让我们死后不致落入地狱，而是到天国永享幸福，因此对地狱的阴森之状作了如下的描述：

"倘若你一只手叫你跌倒，就把它砍下来。

你缺了肢体进入永生，

强如有两只手落到地狱，入那不灭的火里去。

倘若你一只脚叫你跌倒，就把它砍下来。

你瘸腿进入永生，

强如有两只脚被丢在地狱里。

倘若你一只眼叫你跌倒，就去掉它。

你只有一只眼进入神的国，

强如有两只眼被丢在地狱里。

在那里，虫是不死的，火是不灭的。

因为必用火当盐腌各人。"（马可福音九章43-49节）

曾经到过地狱的人对地狱的讲述，确实和圣经里的记载一样：在那里，虫是不死的，火是不灭的，人们遭受用火当盐腌渍焚烧的痛苦。

所以，我们应当相信圣经里记载的死后世界，即天国与地狱的存在。惟有遵行神的话语，死后才能进入天国。

有些人生前冥顽不化，无论如何都不肯接受耶稣基督；等死后受不了折磨，才叹息后悔！我们千万不要重蹈覆辙。

应当相信神透过大能显明的天国与地狱

约翰福音十四章11-12节说："你们当信我，我在父里面，父在我里面；即或不信，也当因我所作的事信我。我实实在在地告诉你们：我所作的事，信我的人也要作；并且要作比这更大的事，因为我往父那里去。"

根据这段经文，我们应当了解：当某个人展现出超乎常人的权能时，我们应当相信他是属神的人，他所见证的道是真实可靠的神言。

我在世界各地主领联合盛会时，神透过我彰显祂的权能，见证耶稣基督的存在。当我奉耶稣基督的圣名祷告时，瞎子看见、哑巴开口、瘫子行走、死人复活等权能大大彰显，从而使无数的人因信主而得救。不但如此，神还告诉我有关天国和地狱的种种情况，并让我大为传扬。

现实生活中，我们对人死后的世界感到疑惑，很想了解其真相，但是，靠我们的能力是无法全然了解的。透过圣经记载的话语，虽能知道部分情况，但惟有借参透万事的圣灵的感动启示，才能真正领会有关天国与地狱的属灵世界（参考哥林多前书二章10节）。

所以，依据圣经并在圣灵感动之下，传讲神亲自启示的内容时，我们都应确信不疑。

神让世人知道大审判和地狱刑罚的原因

谈起有关地狱的事情，有信心并圣灵充满的人听后并不会感到恐惧，只求神怜悯，大施拯救那些未信者，但是有些人听后却会相当害怕，甚至连"阿们"也不敢大声地说。

信心软弱的人，听了有关地狱的描述后，所想的不是该如何增加信心，以进入天国，反因恐惧而不积极参加礼拜，甚至离开教会。

尽管如此，我依然热心地向人们讲述地狱，是因为神看着好多人嘴里宣称信神，却与世俗同流合污，生活在黑暗中，步入死亡之路，心急如焚。

另一个用意，是向神的子女证实地狱的存在，使他们离弃黑暗，进入光明。虽有不少人听到大审判和地狱之事后，感到恐惧不安，但神仍然盼望这些人能及时悔改，进入天国。

2. 财主和拉撒路的比喻

路加福音十六章19至31节中记载：有个财主和名叫拉撒路的讨饭的，死后都进入了阴间，但两人的处境却迥然不同。财主在火焰中遭受难忍的痛苦，讨饭的拉撒路却在信心之父——亚伯拉罕的怀里，过着安舒的日子。这是怎么回事呢？

旧约时代，神依照祂颁布给摩西的律法审判人。即使是在人世间多么富有的财主，若不相信神，死后仍要受"火"的审判；相反，即使是拉撒路这样靠着富人的残羹剩饭生活的人，只要相信神，死后就可以永远得到安息。

取决于神的审判——死后的世界

旧约圣经中，雅各、约瑟都曾说他们死后将要到阴间去（参考创世记三十七章35节；约伯记七章9节）。与神所信赖的摩西作对的可拉及其同党，由于激怒了神，被活活地打入阴间（参考民数记十六章33节）。

在旧约圣经里，可查到关于"阴间"和"极深的阴间"等记载：由此得知，阴间包括属于天国的"上阴间"和属于地狱的"下阴间"。

雅各和约瑟等先知，以及讨饭的拉撒路死后所去之处，是属于天国的上阴间；与耶和华神所信赖的摩西作对的可拉和那财主所去的阴间，则是属地狱的下阴间。

人死之后将进入的另一个世界，即上阴间或下阴间。在这两种阴间中，我们将往何处，取决于神的审判。懂得这个道理后，我们理当切实地信靠神，免得死后落入下阴间，遭受火的刑罚。

3. 属灵的世界——天国与地狱的构造

在圣经里，天国和地狱以几种不同的名词出现，而且都不是存在于同一个空间。

圣经对于天国的描述，或称为阴间、乐园、新耶路撒冷，由此可知，得救的灵魂的去处分为好几个不同的空间。

我们对神的信仰，按照"信心的程度"划分为不同的阶段，要达到一定的标准才能进入天国。越做成内心的割礼，恢复神的形像，将来天国的居所会越发挨近新耶路撒冷的神的宝座；其次会按个人信心的大小，可依序分配至第三层天国、第二层天国和第一层天国；勉强得救的灵魂则进入乐园。

未能得救的人和邪灵被禁锢的居所，在圣经里称作下阴间、火湖、硫黄火湖、无底坑等。如同天国分成不同的层次一样，地狱也分为不同的层级，人死之后，将按其罪恶的轻重程度，监禁在地狱的不同居所里。

理解天国与地狱的构造

我们可用菱形钻石解释天国和地狱的构造。把菱形钻石（◇）横剖为两半，剖面的上半部呈正立的三角形（△），下半部呈倒立的三角形（▽）。如果把上部三角形（△：天国）的顶端看作新耶路撒冷，其底部可视为上阴间，依次往上为：乐园、第一层天国、第二层天国、第三层天国、新耶路撒冷。但是，这里的"层"概念与地上建筑物的"层"概念是有差别的。

世人划分土地时，地块与地块之间有明显的标示，但是，属灵的世界里并不存在这种标示。我们把天国划分成不同的层，只是为了让属肉的人便于理解。从"天国构造图"中，我们就能了解到：天国的顶端是新耶路撒冷，底部则是上阴间，从底部开始，越往上层，居所越是美好。与此相反，同上部正三角形对称的倒三角形（▽），上方的最宽处为下阴间，越往下属更深层的地狱。

以正三角形（△）来看，从最底层的上阴间到顶端的新耶路撒冷，越往上越窄，这表明了进入新耶路撒冷的人比进入乐园或第一、第二层天国的人少。

从地狱构造图来看亦是如此。罪大恶极的人比起一般性的罪人，毕竟是占少数，所以地狱的构造也成了三角形。

在此要特别说明的是，我们把天堂和地狱的形状画成两个相反的三角形，只是为了便于理解，所以不能把天国和地狱的模样，简单地解释为三角形（可参考12页的简图）。

天国与地狱之间因有深渊，不能往来

在这里，我们应当知道，上部三角形（△）和下部三角形（▽），亦即天堂和地狱不是连接在一起的，而是相隔十分遥远

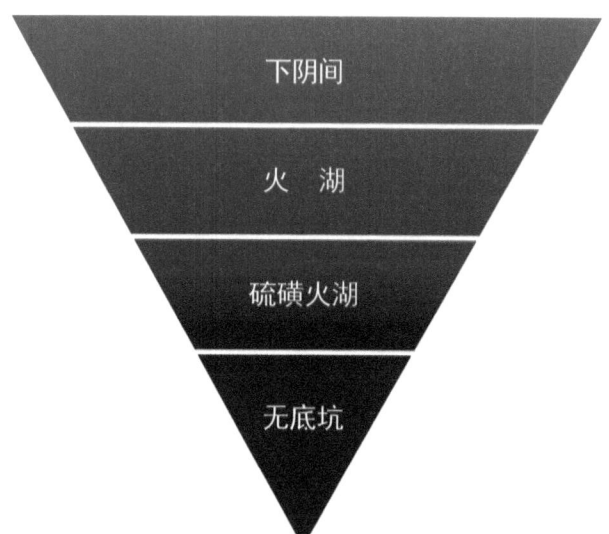

新
耶路撒冷

第三层天国

第二层天国

第一层天国

乐　园

上阴间

深　渊

下阴间

火　湖

硫磺火湖

无底坑

的，其距离用肉眼无法测量。

神有意制造出这种间隔，因为居住在天国和地狱的灵魂是不能相互往来的。也就是说，在两个三角形中间隔着深渊，无法相通。但是，在特殊情况下，只要得到神的允许，就是再远的距离，灵魂也是可以互相对话。如同财主和亚伯拉罕，是可以进行对话的。

以科学发达的今日来看，就如在不同半球的人可互通电话，并透过即时通讯画面看见对方的脸庞；在天堂与地狱之间，也是可以对话的。

所以，天堂与地狱之间虽然隔着深渊，但只要得到神的允许，透过灵魂的交通，那个财主可看到拉撒路安舒的姿态，并与亚伯拉罕对话。

4. 进入天国前的临时居所 ——上阴间与乐园的差别

下阴间属于地狱，这是不容置疑的。上阴间是否就是天国，尚未肯定，但可以说它是属于天国的一个居所。上阴间的作用，在旧约时代和新约时代各有不同。

在旧约时代，等候救赎的灵魂住在上阴间

旧约时代，等候救赎的灵魂暂时住在上阴间。神将这一居所交由信心之父——亚伯拉罕管理，所以圣经记载拉撒路在亚伯拉罕怀里。

但是，自从耶稣基督复活升天以后，等待救赎的灵魂不再落在居住于上阴间的亚伯拉罕怀里，而是落在乐园主耶稣的怀里。所以圣经里有这样一段记载：耶稣被钉在十字架时，左右两侧的犯人也被钉在十字架上。其中一个犯人对耶稣表示悔改之意，称耶稣为救世主。这时耶稣对他说："我实在告诉你：今日你要同我在乐园里了。"（路加福音二十三章43节）

因此，耶稣被钉十字架后，立即前往乐园吗？对此，若参阅《十字架之道》一书就容易理解了。彼得前书三章19节记载："他藉这灵曾去传道给那些在监狱里的灵听。"经文的意思是：耶稣曾到上阴间，向在那里等候救赎的灵魂传扬福音。有关这方面的问题，将在第二章进一步详细说明。

在上阴间传了三天福音之后，耶稣把在那里等待救赎的灵魂接到了乐园。另外，约翰福音十四章2节，耶稣曾说："我去原是为你们预备地方去。"由此可知，耶稣在为我们预备天国里的居所。

乐园是新约时代得救灵魂的临时居所

耶稣开启了得救之路后，得救的灵魂已不住在上阴间，而是住在乐园里。乐园是进入天国的临时居所，是已经得救的灵魂临时居住的边缘地带。当神结束人类耕作，并进行白色大宝座审判后，神便会按着个人信心的程度，让我们进入天国不同的永居之所。

如上所述，新约时代得救的灵魂全都在乐园等候。从亚当以后，人类已繁衍了那么多代，这些人难道都住在乐园里吗？有人发出疑问：“那么多的人都在乐园里生活吗？乐园哪能容得下那么多人？”

其实与银河系比较起来，地球所属的太阳系只不过是一个小点罢了。由此可知，银河系有多大呀！再拿银河系来说，它在整个宇宙里也不过是一个小点，那么宇宙该有多大呢？宇宙之大，是难以想象的。神为人类创造的世界，用人的肉眼是无法测量的，更何况天国是属灵的世界呢！

就拿乐园来讲，其空间之大，用肉眼是望不到边际的。第一层天国与乐园相连的空间距离也是相当遥远的。所以，乐园是一个极大的空间。

住在乐园里，向先知们学习属灵知识

乐园虽然只是进入天国之前的临时居所，然而并不狭小，也不寂寞。乐园的“美丽”程度，就算是传说中神仙居住的世外桃源也无法相比。

居住在乐园里的灵魂，要向先知学习有关“灵”的知识。比如神和天国、灵界的法则等等，学习这方面的知识是永无止境的。灵界的学习，不像人世间的知识那般艰涩而枯燥，反而会令人越加感到新鲜，并充满神的恩典。在人世，清心、温柔的人也能与神沟通，并从神那里学习好多属灵的知识。

另外，一旦打开了灵眼，便能看见属灵的世界，也就能领受圣灵的感动，体会灵界的事情。我们虽然生活在肉体的世界中，但只要能确实行心中的割礼，就能领会有关信心与蒙应允的灵界的法则，进而经历神的大能。

在人世间，能够得知灵界的奥秘，这是一种福分；若论到在属于天国的乐园学习深奥的属灵知识，那更是无以伦比的快乐和幸福！

那么，那些先知居住在什么地方呢？是住在进入天国的临时居所——乐园吗？不是的。那些具有进入新耶路撒冷资格的灵魂，并不在乐园里等候，而是在新耶路撒冷里做神的工。

耶稣背负十字架以前，亚伯拉罕居住在上阴间，掌管那里的灵魂，但耶稣复活升天以后，乐园便成为进入天国的临时居所，亚伯拉罕也完成了上阴间的使命，因而进入新耶路撒冷。

当亚伯拉罕居住在上阴间时，摩西和以利亚在何处呢？因为他们已具备了进入新耶路撒冷的资格，所以已经进入新耶路撒冷了（参考马太福音十七章1-3节）。

先在上阴间适应灵界，之后进入乐园等候

在电影里可以看到人死之后，形状与躯体完全一样的灵魂从躯体游离出来，跟随天使而去的情景。实际上，信主的人一旦寿终，灵魂就要从肉体中分离出来，由身穿白衣的两名天使引向天国。了解的人，即便自己亲历此事也不会惊讶；不了解的人，恐怕会错愕不已。

其实，对于从躯体分离出来的灵魂来说，也充满了新奇之感。在此之前，灵魂一直被包裹在肉体里，居于三维（三次元）世界中，可是当离开肉体后要升入四维（四次元）世界时，也在经历一

个巨大的变化。

此时，灵魂脱离了肉体的重量，行动起来自然轻盈无比。但是来到灵界后，要想适应新的环境，还需要学习、掌握一些基本的知识。所以在新约时代，得救的灵魂在进入乐园之前，首先要在上阴间停留三天，以适应新的环境。

5. 进入地狱前的临时居所——下阴间

地狱的最上端是下阴间，其下依次为火湖、硫磺火湖、无底坑。

创世以来，没有得救的灵魂都居住在下阴间，尚未进入更深层的地狱。

曾经亲眼目睹地狱景况的人，都表示下阴间里的灵魂受着极大的痛苦。那些灵魂按着各自的罪恶接受不同的刑罚，等到神对人类的耕作结束，进行白色大宝座审判后，才会被打入火湖、硫磺火湖等不同居所。

未能得救的灵魂在下阴间受痛苦

路加福音十六章24节记载了一个未得救的财主在下阴间受痛苦的情形。

他因熬不过火烤的痛苦，就喊着说："我祖亚伯拉罕哪！可怜我吧！打发拉撒路来，用指头尖蘸点水，凉凉我的舌头，因为我在这火焰里，极其痛苦！"

在熊熊的火焰中、连蛆虫也不死的地狱里，求生不能，求死不得，只能忍受煎熬的痛苦，其阴森、凄惨之状是难以形容的。

关于地狱下阴间的可怕，与火湖及硫磺火湖的刑罚，我们将会在第三章作进一步详细说明。

愚蠢的人因未能得救，在下阴间悔恨不已

路加福音十六章27至30节记载，有一个财主活着的时候不相信有地狱，等到死后被投入地狱的火焰中，才知道自己的愚蠢因而后悔不已。于是他求亚伯拉罕派已死的拉撒路到他家去，向他的兄弟证实地狱的可怕，免得他们也到地狱受苦。

> "既是这样，求你打发拉撒路到我父家去，因为我还有五个弟兄，他可以对他们作见证，免得他们也来到这痛苦的地方……若有一个从死里复活的，到他们那里去的，他们必要悔改。"

倘若那个财主能够亲自和他的五个弟兄对话，他一定会说："地狱是确实存在的，你们一定要听从神的话语，免得死后来到这可怕的地方。"

看来那个财主还是有良心的。虽然他被打入下阴间受极大的痛苦，但他仍盼望自己的几个兄弟都能进入天国。

那个财主算是有点善心的，因为他还能为他的兄弟们着想。但

这于事无补，他仍然无法得救。要想得救，光是嘴上说说"我相信神"是没用的。

人生在世，必有一死，死后不是进入天国，就是落入地狱。何去何从？我们应作明智的抉择，不要像财主一样的愚拙。

聪明人应为进入死后的世界积极预备

大多数人为了生前的权势、名誉、长寿与荣华富贵，费尽心力，但是真正聪明的人懂得为死后的世界积极预备。

在世上，即使有再多的金银财宝，一旦离开人世，什么也带不走，但聪明人晓得积攒财宝在天上。

或许听过这样的事情：某人平时相信神，但到天国里一看，却没有自己居住的房子。倘若你是真正过信仰生活而积攒财宝在天上的话，一定会在天国得到既宽敞又华丽的房子。所以，我们应当建立能够进入天国的信心，为迎接主耶稣的再临做好新妇装扮，并积攒更多奖赏在天国，成为真正明智而有福的人。

至于已经离开人世的人，是无法重回人间的，所以对神有信仰且了解地狱可怕的人，应当代替已故的人，积极向其亲友传讲有关天国和地狱的情况，蒙神的喜悦！

我们若传扬神不愿一人沉沦、乃愿万人得救的爱，使无数的灵魂归主，不论在地上、天国，都能得到神赏赐的荣耀和祝福。

奉主耶稣基督的圣名祝福大家，能相信神的审判与奖赏，成为神真正的儿女，为拯救更多的灵魂而努力。

第二章

未曾听过福音的人如何才能得救?

没有律法的外邦人若顺着本性行律法上的事，
他们虽然没有律法，自己就是自己的律法。
这是显出律法的功用刻在他们心里，
他们是非之心同作见证，并且他们的思念互相较量，
或以为是，或以为非。

罗马书二章14-15节

耶和华对他说："凡杀该隐的，必遭报七倍。"
耶和华就给该隐立一个记号，免得人遇见他就杀他。

创世记四章15节

神为了救赎全人类，牺牲祂的独生爱子，为我们死在十字架上，彰显出祂对我们深挚的爱。

神不仅盼望祂所爱的儿女能够得救，也期盼我们的灵命成长，领悟神的爱，成为能与祂分享爱的对象。此般心境，正如作父母的盼望年幼的孩子早日长大成人，与父母同甘共苦。所以在提摩太前书二章4节说："他愿意万人得救，明白真道。"神具体地陈明地狱的奥秘和灵界的知识，完全出自祂对人类的爱。祂要我们得救，并且灵命不断成长。

第二章里特别阐明：尚未认识耶稣基督就已死去的人，如何才能得救？

1.良心审判

许多尚未相信神的人当中有不少承认天国和地狱的存在，但只凭这点认知是无法进入天国的。

约翰福音十四章6节记载："耶稣说：'我就是道路、真理、生命；若不藉着我，没有人能到父那里去。'"正如主耶稣在这里所说的，惟有靠着祂才能得救，进入永生的国度。

罗马书十章9-10节："你若口里认耶稣为主，心里信神叫他从死里复活，就必得救。因为，人心里相信，就可以称义；口里承认，就可以得救。"

那么，对不认识耶稣，尚未承认祂是救世主，或未相信祂的人，就不能得救吗？换句话说：耶稣降世前旧约时代的人，以及在新约时代未能听到福音就去世的人，他们能否得救呢？另外，那些还未到能理解信仰的年龄就死去的孩子，或因堕胎、流产而夭折的胎儿，又该怎么办呢？他们一律都被打入地狱吗？断不是的！

神就是爱！对这些灵魂，神按着祂的公义，为他们开启了得救之门，那就是"良心审判"。

愿意寻找神并追求善的人

罗马书一章20节说："自从造天地以来，神的永能和神性是明明可知的，虽是眼不能见，但藉着所造之物就可以晓得，叫人无可推诿。"所以，心地善良的人，看到天地万物都井然有序时，便相信神的存在。

传道书三章11节提到："神将永生安置在世人心里。"

善良的人出于本能寻找神，并相信死后有永恒的世界。即使没有听过福音，但由于敬畏神、心地善良且在生活中努力行义，在某种程度上便可说是遵行了神的旨意。因为这种人若是有机会听福音，自然会接受耶稣，得救进入天国。

所以，耶稣被钉在十字架以前，神把那些心地善良的灵魂，暂时安置在上阴间，等到时机成熟，神差遣祂的独生爱子耶稣到世上背负十字架，那些灵魂即可借着主宝血的功效，得到了救赎的机会。

暂居上阴间，听福音蒙救赎

从圣经记载可知，耶稣被钉在十字架上死后，曾到上阴间传过福音。彼得前书三章19节记载："他藉这灵曾去传道给那些在监狱里的灵听。"由此可知，耶稣为了使那些灵魂也能借着祂的宝血得蒙救赎，而向他们证实自己的身份。于是那些善良的灵魂，接受耶稣所传的福音，得到了救赎。

除耶稣基督以外，别无拯救（参考使徒行传四章12节）。所以，进入新约时代以后，那些未曾听过福音，经过良心审判得救的人，其死后灵魂要在上阴间停留三天，并学习有关耶稣基督的知识，再进入天国。

相反地，心灵污秽的人在相同的情况下仍不肯寻求神，只知一味地追求情欲；就算有机会听到福音，也不会相信耶稣，最后只能被送往下阴间接受刑罚，等到白色大宝座审判结束后，再被打入地狱。

鉴察人心的神，实行良心审判

什么是良心审判？按照人的能力很难确定标准。但全知全能的神鉴察人的内心，根据人良心的不同分别进行审判。

罗马书二章14至15节，对良心审判作了说明。善良的人以自己的良心为律法，分辨善恶，做出判决。

"没有律法的外邦人若顺着本性行律法上的事，他们虽然没有律法，自己就是自己的律法。这是显出律法的功用刻在他们心里，他们是非之心同作见证，并且他们的思念互相较量，或以为是，或以为非。"

善人内心所存的是善，其行动自然就发出善来，因此能够通过良心审判，进入上阴间。在那里居住三天后，接受福音，便能得到救赎。

韩国李舜臣将军，他虽然没有信耶稣，但其行事为人皆符合真理。他孝敬父母，友爱兄弟，不贪图富贵权势，为国为民鞠躬尽瘁，直到献出自己宝贵的性命。

他的一生，没有留下任何行恶的劣迹。蒙冤受辱时，他不报仇，也不埋怨任何人；获释重返疆场时，对把他流放远地的国王，仍怀感激之情，在战场上立下了显赫战功。当他遇到困难时，就双膝跪下向天祷告，这足以说明他相信神的存在。所以，慈爱、公义的神早已接他进入天国。

听到福音也不肯相信，不在良心审判之列

明明知道耶稣却不肯相信的人，能否接受良心的审判？倘若各位对自己的家人传过福音，他们不肯接受，就无法成为良心审判的对象。曾有过听福音的机会，或者有人传道给他，却仍旧拒绝福音的人是不能得救的，更无法接受良心审判。然而，即使是那些作恶多端，非进入地狱不可的人，只要真心悔改，神也会宽容拯救，因

此我们仍要不厌其烦地向未信者传福音。

神的子女都欠了福音的债，所以当负起传福音的使命，若没有向自己的亲戚朋友传福音，待白色大宝座审判时，将会受到神的审问：

"你为什么没有救你的父母和兄弟姊妹？
你的子女为何没能得救？你的朋友呢？
他们为什么都没有得救！"

真正体会十字架的爱，就应当不畏艰难，寻找各种机会传扬福音。

犹记耶稣被钉在十字架上时说："我渴了。"是的，拯救灵魂正是为主耶稣解渴最好的方法，也是偿还主耶稣宝血代价惟一的途径。

2. 因堕胎、流产而未能出世的胎儿的情况

有些尚未降世就流产夭折的胎儿，灵魂将归于何处？对于人类而言，不论多稚嫩的灵魂也不会消失殆尽，一旦肉体死亡，其灵魂不是进入天国，就是落入地狱。

受孕六个月，灵魂进入胎儿体内

那么，胎儿的灵魂是何时形成的呢？怀孕未满五个月的胎儿

只有肉体没有灵魂；从第六个月开始，才有灵魂。从医学角度来看，胎儿听觉器官的形成、眼皮到能睁能闭的程度，要到五个月以后；能进行思考的大脑皮质层，也要到五至六个月之间才开始形成。

人不同于其他动物，要等肉体成长至六个月，各种器官才形成，灵魂才进入体内。如果在这之前流产，因为尚无灵魂，其结局和其他动物相同，既不升天，也不入地狱。

传道书三章21节说："谁知道人的灵是往上升，兽的魂是下入地呢？"动物只有魂而没有灵，死后就灭亡了。同样地，尚不足六个月的胎儿，因为还没有灵魂，死后跟动物一样，也是消灭了。

堕胎是杀人行为，属于大罪

受孕仅五个月的胎儿，因为还没有灵魂，进行人工流产就不构成罪吗？不论胎儿何时得到灵魂，我们应当确知，掌管人生命的惟有神。

诗篇一百三十九篇15-16节："我在暗中受造，在地的深处被联络，那时，我的形体并不向你隐藏。我未成形的体质，你的眼早已看见了，你所定的日子，我尚未度一日，你都写在你的册上了。"

由此可知，胎儿在母腹受孕尚未成形时，神就已经知道了，并记载在祂的名册上。同时，神也计划好了胎儿的未来。所以，即使受孕不满五个月的胎儿，人也无权主宰其生命。

如果随意断送胎儿的生命，此举与杀人的行径无异。生死祸福都是神掌管，父母若随便夺取胎儿的性命，乃侵犯神的主权，打掉胎儿等于杀害亲生骨肉，所犯之罪是很大的。

犯罪必遭报应，灾难不断

胎儿的父母为了某种原因实行人工流产的行为，是一种触犯神主权的严重罪行，必受惩罚。

不论在任何的情况下，谁都不可侵犯神掌管生命的主权；为满足个人的安逸、享乐而打掉胎儿，更是不可饶恕的罪行。六个月以上的胎儿，已有了灵魂，若对已超过六个月的胎儿实行流产，其罪恶就更加严重了，犯下这种罪，将会受各种折磨和痛苦；如果不处理这种罪，与神的距离将会越来越远，以致陷入难以挽救的绝境。

即使是不认识神的外邦人，堕胎也同样属于杀人罪，必定遭报应。若不拆毁罪墙，神无法保守他，只能向他掩面，以至试探患难接连不断。

须彻底认罪痛悔，并要献上平安祭，拆毁罪墙

神定下诫命，不是为了惩罚，而是让人领悟祂的旨意，并悔改得救。同样地，为了让各位懂得什么是真理，以免犯罪，即使是过去的罪行，也应当彻底悔改。向神献上平安祭，借以拆除与神之间的罪墙，只有这样，才能免遭患难。

人工流产是一种犯罪行为，但这种罪恶也有轻重之别。比如：因被强暴堕胎者，其罪较轻。若是夫妻因避孕措施不当而怀孕，却

将胎儿打掉，此罪较严重。

若因故不想要孩子，应当向神祈祷，求神作工；如果神没有动工，就要把孩子生下来。

赋予灵魂的胎儿大都能得救，但也有例外

已怀孕六个月的胎儿，虽然有了灵魂，但尚无理性，无法照着自己的意志相信。对这个时期死去的胎儿，不论其父母的信仰如何，神都允许绝大多数的胎儿得救。但请注意：并非全部，而是绝大多数，因为毕竟还是有一些胎儿无法得救。

若胎儿的父母、祖先是敌对神的，或罪恶深重，那么他们身上邪恶的"精气"必定遗传至胎儿身上，这种胎儿就无法得救。另外，巫师和历史上奸臣的后裔也属于这个范围。例如：韩国历史上恶名昭彰的张禧嫔，因嫉妒，将对手的画像当成箭靶子射箭，承袭这类邪恶之人"精气"的胎儿，当然无法得救。

还有宣称信神的人中，也有一些罪大恶极之徒。他们干犯圣灵，随意论断、亵渎、定罪，嫉妒荣耀归于神的人，不择手段地陷害。承受这种父母邪恶之"精气"的子女若流产，或在没有信心的状态下死去，都无法得救。

当然，上述几种情况毕竟是极少数的，绝大多数的胎儿死后灵魂都能得救。只是他们未能在世间得到神的耕作，所以死后不能进入乐园以上的天国，待白色大宝座审判结束后，仍继续留在上阴间。

得救的胎儿永居上阴间

怀孕六个月以后死去的胎儿，其灵魂进入上阴间，如同在母腹时一样，因为没有接受神的耕作，仍如白纸般。他们将在上阴间待到最后的复活时，才得到与其灵魂相称的变化的身体。

但这身体并不是像主一样永不朽坏的灵性的身体，而是能够变化和成长的身体。起初处于幼童状态，成长到一定程度后，就会停止。这类胎儿经过成长之后，仍然居住在上阴间，在那里不断地汲取必要的知识。

如亚当被造之初是个有灵的活人，灵魂体兼具，但其肉体跟"复活体"有区别。其灵魂也如同初生婴儿，懵懂无知。所以，在相当长的岁月里，神与亚当同行，亲自教导他有关灵界的知识。

居住在伊甸园的亚当，神创造之初，全然没有恶。但在上阴间的灵魂，其祖先的罪性会透过"精气"遗传给后代，从灵的纯洁角度来看，在上阴间的灵魂与亚当在伊甸园时的灵魂不同。

亚当因犯了不顺从的罪，而被逐出伊甸园来到地上以后，其所有后代子孙都被打了"原罪"的烙印。

3. 刚出生的婴儿至五岁幼儿的情况

刚出生至五岁的幼儿，尚不能分辨事理，也无认识信心的能力，这样的婴幼儿如何得救呢？大致上来说，这一时期的婴幼儿能否得救取决于父母，特别是母亲的信仰态度。

所以，父母若有能够得救的信心，并教导儿女过正确的信仰生活，那么他们的孩子就能得救（参考哥林多前书七章14节）。但父母若是对神没有信心，其婴儿也并非一律无法得救。

对于这种情况，神再一次彰显祂的慈爱。创世记二十五章记载：以扫和雅各两兄弟在母腹时就开始相争，那时神早已知道弟弟雅各会比哥哥以扫更有出息。因为神具有洞察万事的能力，能知道婴儿的将来，倘若这个婴儿不死，长大之后能够接受福音，神就让这个婴儿依照良心审判得到救赎。

但是，倘若父母没有能够得救的信心，其婴儿也不能通过良心审判，那么婴儿就会落入地狱的下阴间，受残酷的刑罚。

透过良心审判能否得救，关键在于父母的信仰

从上述情况可知，婴儿能否得救，关键在于父母的信仰。懂得这个道理，就应按照神的心意养育儿女，使其免受地狱之苦。

曾有一对夫妇结婚好几年都没有孩子，向神许愿后便得一子，后来这个孩子因交通事故不幸夭折。我透过祷告了解了其中的原因。

原来那对夫妇自从有了孩子以后，信仰逐渐冷淡，孩子长大后也受到父母的影响，不再去宣教园（教会幼儿园）学习真理，赞美诗也不唱了，反倒唱起流行歌曲。当时，那孩子尚有一点信心，还有希望得救，但如果继续下去，受其父母的影响，最后必会彻底失去得救的机会。所以神提前召走了那孩子的灵魂，如此一来，他有

了得救的机会，其父母也能认罪悔改。那对夫妇若能早些痛改前非，孩子就不会提前被主接走了。

照主旨意养育儿女，使儿女灵命成长

父母的信仰状况，直接关系到婴幼儿能否得救。若以为把年幼的孩子送到主日学便尽到责任，而对孩子灵命成长的情况不闻不问，那么迟早会出问题的。为人父母当为孩子不停的守望祷告，还应注意孩子在主日崇拜时是否以心灵和诚实敬拜神；在家当以身作则，给孩子良好的信仰榜样，并遵照神的旨意教导儿女，如此家人才能都进入天国，永享福乐。

4. 六岁至青春期前儿童的情况

六岁至青春期以前——即十二岁以前的儿童如何得救呢？

当然，这里所说的六岁和十二岁，并非划分得很精确，因为每个孩子的先天资质和智力发展情况不同，只能概略统计这年龄阶段的孩子们，听到福音已具有理解力，基本上能够依据自己的意志选择信仰。

凭自己信仰得救与父母无关

一般来说，孩子从六岁开始就能够凭理智接受信仰，因此，他们的得救与父母无关，而是单凭自己的信仰决定能否得救。所以，即使父母的信仰再虔诚，如果没有为孩子栽种信心，最终孩子将会落入地狱；倘若父母不信耶稣，孩子也不信耶稣，那就更无法得救了。

在这里以青春期作为一个分界线，是因青春期以前的年龄还适合良心审判。这个时期的孩子，还不能离开父母，也无法完全靠自己的意志和分辨能力对某件事做出决定。因此，神对这一阶段的孩子也给予良心审判的机会。就如现在一些信仰很坚定的人中，也有年幼时因父母反对而未能接受信仰的情况。

心地善良的孩子听到福音就接受耶稣，领受圣灵，参加教会活动；但有的孩子因拜偶像的父母坚决反对，不得不停止参加教会活动。然而，进入中学阶段的孩子，虽然会受到父母管制，但还是可靠着自己的意志做决定，即使父母一再反对，依然能坚守自己的信仰。

适合良心审判

举个实例：本教会有一位女圣徒，从小学开始，虽遭到父母反对，但始终坚持参加教会活动。从她的家到教会，需要一个半钟头的时间，中途还须转车好几次，但她不仅参加主日礼拜，周六的学生礼拜也不缺席。

那时她因先天性小儿麻痹引起脊椎侧弯，两条腿长短不一，相差四公分，只能穿长裤，走路一瘸一摆的。考上大学以后，第一次参加复兴盛会，脊椎变直，短一截的腿也正常了。当她只是个小学生时，却能凭着自己坚定的信心，一路走来，蒙神的医治，恢复了健康，将一切荣耀归于神。如今她已结婚生子，过着幸福美满的生活。

像她这样的人若在孩童时就夭折了，鉴察人心的神定会让她通过良心审判，使其灵魂得救。若对主没有信心，又不能通过良心审判，就要被打入地狱了。但已过这年龄层的人，则完全依照个人信仰的程度决定能否得救。

虽环境恶劣，依靠神就能得救

不懂世故的孩童时期，其灵魂能否得救，跟父母是什么样的人和祖先的"精气"如何，有着很大的关系。假如上一代中，有恶贯满盈或拜偶像的，其后代就会出现精神异常、弱智，或者从小被鬼附等现象。这是因为在属灵方面受父母、祖先影响之故。

对于此种现象，申命记五章9-10节说：

"不可跪拜那些像，也不可侍奉它们，因为我耶和华你的神是忌邪的神。恨我的，我必追讨他的罪，自父及子，直到三四代；爱我、守我诫命的，我必向他们发慈爱，直到千代。"

哥林多前书七章14节也说："因为不信的丈夫就因着妻子成了圣洁，并且不信的妻子就因着丈夫成了圣洁。不然，你们的儿女就不洁净……"这就是说：父母的信仰若不够真诚，其子女也就不易得救。

虽然祖先很邪恶，或是遗传了父母不好的"精气"，但只要相信耶稣，神不会置之不理的。换句话说：如果真诚地悔改，行在真理之中，并且信靠仰赖神，神自会给予回应，并引领人走向天国之路。

希伯来书十一章6节说："人非有信，就不能得神的喜悦；因为到神面前来的人，必须信有神，且信他赏赐那寻求他的人。"这乃是表明，凭信心和行为讨神喜悦时，一个人即使生来具有不好的"内心"，神也会改善他的"内心"，并引入天国。

凭自己的能力无法依靠神的情况

若家中有精神疾病的患者，因被鬼附而无法亲近神，当如何做呢？

只要其父母替他悔改并以祷告和禁食拿出让神感动的信心即可。慈爱的神就会悦纳其家人的信心与赤诚，为这人开启得救之门。

若一个孩子还未能得着这种机会便死去，父母该为这孩子的灵魂负多大的责任呢？所以如何信靠神，不仅关系到自己的未来，也影响孩子的灵魂。

我们应深刻领悟，对神来说，一个灵魂比全世界更宝贵。所以，不仅我们要爱自己的孩子，也要爱周围其他人的孩子，并正确地指导他们应当如何过信仰生活。

5. 人类始祖亚当和夏娃得救了吗?

亚当和夏娃违背神的诚命，摘吃善恶果而被逐出伊甸园来到地上，当时他们也没有听过福音，那身为人类始祖的亚当和夏娃是否得救了呢?

亚当与夏娃违背神旨意

起初，神照着自己的形像造了人类的始祖亚当和夏娃，神因慈爱，为他们创造了美好的生活环境，并把他们安置在伊甸园里过安逸富足的日子。

不仅如此，神还交给他们掌管天地及水中万物的权柄，当时，魔鬼撒但也不敢任意进入伊甸园。因为神常与亚当和夏娃同在，向祂所挚爱的儿女传授有关灵界的各种知识。可惜亚当和夏娃最终却禁不住狡猾之蛇的迷惑，违背了神的旨意，而摘吃了善恶果。

"你吃的日子必定死!"（参考创世记二章17节）按照灵界的法则，亚当和夏娃的灵死了。伊甸园是属灵的世界，亚当和夏娃由于失去了灵，被逐出伊甸园，来到了地上。从那之后，神开始了对人类的耕作，地上的万物亦与人类一起受了神的诅咒。

那么，亚当和夏娃得救了吗?

有人认为，他们犯了悖逆之罪，使地上的万物同受咒诅，连累了后代子孙都成了罪人，受痛苦。亚当和夏娃本来是不会得救的，但实际上，慈爱的父神向他们也敞开了得救之门。

亚当与夏娃被赶出伊甸园后彻底悔改

如今，人类虽然生活在极其黑暗、罪恶满盈的世界中，被原罪和自犯罪所沾染，污秽不堪，但只要彻底认罪悔改，便能得到神的赦免。即便是杀人者，只要他从内心里悔改归正神也会饶恕他。更何况亚当与夏娃所处的那个年代，神岂能不拯救呢？

亚当和夏娃犯罪后，较比现今时代其良心依然是善良的，并且，他们是神亲自创造的人，神与他们同在相当长的岁月，并进行栽培。如此之人，只要内心真正悔改，神怎么忍心将他们打入地狱呢？

亚当和夏娃来到地上，在接受神耕作的过程中，感受到各种悲痛。他们在伊甸园过的是衣食无缺的生活，来到地上后，要流汗受苦才得饱足；夏娃也体验生产的痛苦、加上犯罪后良心的谴责，及儿子相互残杀所带来的悲痛。

过着如此悲苦日子的亚当和夏娃，深切怀念以往有神关爱眷顾的生活，只可惜当时不懂得珍惜，一切视为理所当然，不知感恩。来到地上后，才真正体会过去的幸福，对曾经所蒙受的神的慈爱，产生感恩之心，并彻底悔改以往的过错。

悔改——敞开得救之门

神以公义和慈爱管理宇宙万物，按着灵界的法则——"罪的工价乃是死"，所以只要真心悔改，并结出与悔改的心相称的果子，其罪依然可得赦免。神不仅赐与有心悔改的人机会，还让他们进入天国。所以，按人所行的报应人的公义的神按着亚当与夏娃所作所为给予回应，他们才勉强得救，进入了乐园。

神曾经那样地深爱着亚当和夏娃，然而他们却辜负了神的心意，又因他们的悖逆，使很多人在神耕作人类的过程中痛苦地死去。这是他们只能进入乐园的另一个原因。

虽摘吃分别善恶果是神对人类耕作计划中所允许的事，却因而使很多的灵魂遭受痛苦，步入了死亡之路。所以亚当和夏娃无法进入比乐园更好的天国，也无法得到奖赏。

神的爱与公义

为了更容易理解神的公义和慈爱，在此简单地介绍使徒保罗的情况。

使徒保罗在尚未认识耶稣前，对相信耶稣的人极尽监禁、杀害之能事；当司提反执事因见证耶稣的大能而遭杀害时，保罗也认为这是司提反应得的下场。可是，当保罗在前往大马士革的路上遇见了耶稣，耶稣告诉他：你将成为外邦人的使徒，并遭到许多苦难。（参考使徒行传九章16节）从此，他痛改前非，一生为主献上。

保罗在传福音的过程中，受尽了千辛万苦，却甘之如饴。为了偿还过去犯罪的代价，竭尽心力，直到殉道为止。所以，他死后进入了神宝座所在的——新耶路撒冷。

"种什么，得什么"，这是自然界的法则，灵界亦然。在神面前行善，就得善报；行恶，就得恶报。

使徒保罗虽在犯错之后彻底悔改，但还是遭了报应。所以我们应当时刻警醒，自我省察，因所做的都必受报应！

6. 最早杀人的该隐，后来如何？

还没有听到福音就死去的人——最早的杀人者该隐，后来如何？他是否通过良心审判得救？还是未能得救而落入下阴间？

该隐与亚伯向神献祭

人类的始祖亚当和夏娃被赶出伊甸园后，在地上生了两个儿子，长子叫该隐，次子叫亚伯。某个向神献祭的日子，该隐拿地里的出产为供物献给神，亚伯则将羊群中头生的和羊的脂油献上。这时，神看中亚伯所献的供物，却没有接受该隐所献的供物，这是为什么呢？

献于神的祭物不是随性即可，按照灵界的法则，只有献上带血的供物，才能赎罪。旧约时代，以牛、羊等家畜作为祭物；新约时代，神的羔羊耶稣，流出宝血作了挽回祭。

神悦纳以血作为祭物的献祭，如今所谓属灵的献祭，就是要用心灵和诚实来敬拜神。如果做礼拜时精神不济、打盹或心不在焉，神并不悦纳如此的敬拜。

神只接受亚伯所献的祭

亚当和夏娃在伊甸园生活时，神常与他们同在，并教导他们属灵的知识，因此亚当和夏娃懂得灵界的法则，也一定会将正确的献祭方法告诉儿女们。

亚伯按照灵界的方法献祭，献了血的祭，可是该隐却违背灵界的献祭法则，用农产品当作供物。对此，希伯来书十一章4节说："亚伯因着信，献祭与神，比该隐所献的更美，因此便得了称义的见证，就是神指他礼物作的见证……"

神之所以接受亚伯所献的祭物，是因为他照着灵界的法则，献上了属灵的祭。然而该隐却无视灵界的法则，只凭自己的意愿献祭，所以神没有接受他的祭物。

该隐因嫉妒杀亚伯

该隐见神只接受弟弟的供物，却不接受自己的，便忿忿不平地变了脸色，后来将亚伯打死了。

亚当和夏娃由于违背神的旨意，被驱逐来到地上以后，其第一代后裔之中便萌生了贪婪、憎恶和嫉妒之心，并且因私欲所怀之胎就生出杀人的罪来，真是令人震惊！

借由这事件，可见不及时除掉人心中滋生的"恶"，它将会迅速发展蔓延。所以治恶，当趁小除之。

有人认为，该隐杀了行义的亚伯，可能无法得救。但是，该隐透过父母认识神，而且那个时代的人从祖先那里承袭下来的原罪，与现在的人比较起来要轻得多。该隐虽然因为嫉妒之心和一时的冲动杀了人，但与现在人比起来，他的良心还算洁白。所以，该隐虽然犯了杀人罪，但经过神的管教后，认清了自己的罪过，因而得到了神的怜悯。

该隐彻底悔改进入乐园

根据创世记四章13至15节的记载，神咒诅该隐，并惩罚他离开那里，到处流离飘荡。该隐觉得这一惩罚太重，而求神怜悯，于是神对他说："凡杀该隐的，必遭报七倍。"并为他立了一个记号，免其遭受杀害。

可见，该隐杀害弟弟后曾多次彻底痛悔，他若是被神抛弃进入地狱的话，神怎能垂听他的祈求，并给他记号呢？

该隐因为杀人，受神的咒诅和四处流浪的惩罚，但他因彻底认罪悔改而使灵魂得救了。然而该隐与亚当和夏娃一样，因为是勉强得救，只能进入天国最底层的乐园，而且只能居住在边缘地区。

虽然该隐当时是活在现今无法相比的"善良"时代，然而因他杀害同胞兄弟，尽管有悔改的表现，但照着神的公义衡量，他还是不能进入比乐园更美好的居所。如果从那以后，他能更加真心地悔改向善，努力成为讨神喜悦的人，或许还能进入更好的居所，但该隐的信仰并未达到那样的程度。

神不立即惩罚恶人的原因

各位在信仰生活中，可能会遇到一些疑惑难解的事，如：有的人恶贯满盈，神却不立即予以惩处；有的人一作恶便遭遇灾难，或身患重病；甚至有的人在神面前表现得忠诚不二，神却将他的灵魂提前召去。

例如：扫罗王明知大卫已从神那里受膏，却仍千方百计想要杀他。对这样作恶的人，神却不立即予以惩治，反而让大卫受种种磨难和痛苦。因神要透过扫罗磨炼大卫，使他成为能够胜任王位的大器皿，这是神对大卫的爱。所以，神对大卫的试炼结束之后，立即取走扫罗的灵魂。

综上所述，神按照不同情况对恶人是立即惩罚，或是任凭不管，凡事都有神的计划和美意，并出于神的慈爱。

得救的灵魂应寻求更好的居所

耶稣曾说："复活在我，生命也在我；信我的人虽然死了，也必复活。凡活着信我的人必永远不死。你信这话吗？"（约翰福音11章25-26节）

听到福音而得救的灵魂，即使是死了也会再复活，同耶稣基督一样，以灵性的身体进入天国，享受永恒的福乐。另一方面，当耶稣空中降临时，活在世上的人，其肉体将会改变成不朽坏的身体，活着被提，并以恢复神的形像多少，决定其天国的居所。

马太福音十一章12节："从施洗约翰的时候到如今，天国是努力进入的，努力的人就得着了。"

马太福音十六章27节："人子要在他父的荣耀里，同着众使者降临，那时候，他要照各人的行为报应各人。"

哥林多前书十五章41节："日有日的荣光，月有月的荣光，星有星的荣光；这星和那星的荣光也有分别。"

透过神的教导，我们要努力才能进入天国里更好的居所，另外要在神全家尽忠，为进入"新耶路撒冷"而努力。如农夫不辞辛劳地耕种庄稼一样，神耕作人类，乃盼望更多的灵魂得救赎。

了解灵界，才能努力进入天国

对神和耶稣均一无所知的灵魂，即使因良心审判而得救，也很难进入新耶路撒冷。此外，即使听过福音，如果不了解神的心意、神耕作人类的目的和灵界的事，就无法明白努力进入天国的必要性，更不会有进入新耶路撒冷的盼望了。

启示录二章10节："你务要至死忠心，我就赐给你那生命的冠冕。"神赐予的奖赏总是永恒、美好且贵重无比的。我们懂得这个道理，就会盼望进入新耶路撒冷那美好的地方，像那五个聪明的童女一样，做好新妇装扮，成就全灵。

帖撒罗尼迦前书五章23节说："愿赐平安的神亲自使你们全然成圣。又愿你们的灵与魂与身子得蒙保守，在我们主耶稣基督降临的时候，完全无可指摘。"所以，我们应在主耶稣再临之前，或神呼召我们的灵魂之前，把握时间做好新妇装扮，成就全灵。不能认为只要参加教会活动，就表示有坚固的信仰。而是应当各样的恶事禁戒不做，除净心里的一切罪恶，并在神全家尽忠。如此才能得神的喜悦，进入荣耀的居所。

我奉主耶稣基督的圣名，祝福各位深刻领会上述道理，成为神所喜悦的真正好儿女，与主同行，进入天国，得到永远住在神宝座近处的荣耀。

第三章

属于地狱的下阴间与地狱使者的真实身份

就是天使犯了罪，神也没有宽容，
曾把他们丢在地狱，交在黑暗坑中，等候审判。

彼得后书二章4节

恶人，就是忘记神的外邦人，都必归到阴间。

诗篇九章17节

每到秋收之际，农夫都盼望能有好的收成，即使同样的施肥、除草、辛勤耕作，未必都能有最上好的收成，有可能是次等品、三等品的，甚至还会有毫无用处的糠秕，既不能成为粮食，也不能和粮食一起收入仓库。倘若放在一起，粮食也不能用了，因而只好将它们烧掉或者当作肥料。

神对地上的人类进行耕作，也是同样的道理。神盼望得到模成祂形像，圣洁完全的真儿女，但是由于人类拥有自由意志，有的人尚未完全离弃罪恶，有的人则如同糠秕沾染了各种恶气，丧失了人的本分。那些尚未完全离弃罪恶的人，若在生前凭信心努力过信仰生活，神还是会把他引入天国。

虽然对人类进行耕作未能达到预期的效果，但只要有像芥菜种子那么点大的信心，神也不会让他受地狱的刑罚。但是，那些始终不肯相信耶稣，并抵挡神的人，因其心之恶，冥顽不化，最终只能落入地狱。

无法得救的灵魂，如何落入下阴间受刑罚呢？接下来揭示地狱下阴间的情况和地狱使者的真实身分。

1. 被地狱使者拉入的下阴间

有信心而得救的人，一旦死去，便会有两名天使前来，将灵魂引向属天国的上阴间。路加福音二十四章4节曾提起，耶稣在坟墓里复活时，也有两位白衣天使在那儿等候。

相反，未得救的人一旦死去，则会有两名地狱使者来将他拉到下阴间。所以，从死者的表情中就可以看出此人是否得救。

临终时前来的"地狱使者"

临终前，人的灵眼开启，得救的人可看到置身于光中的天使，于是自然地面露微笑，安详死去，甚至也有其尸体不会立即僵硬，一两天后也不会腐烂发臭，如同活人保存完好的情况。但没有得救的人，看到的则是把他拉入地狱的邪灵使者，因而脸上会露出恐惧的表情，甚至两眼不能闭合。

信心尚浅、未有得救确据的基督徒，临终时，天使和地狱使者会来争夺灵魂，因而临终者的脸上会出现十分不安的表情。这种人临终时，应当有信心坚固的人，在此人身旁不断透过礼拜和唱诗，给他栽植信心，使他得到最后的得救机会。

因着祈祷和颂赞，临终者的脸上会渐渐地露出祥和的表情，这表明他得到了能够得救的信心。对于信心坚固的人，在其临终时则不用为其栽种信心，而是为他欢庆天国的盼望和喜乐。

2. 为了适应邪灵世界而进入临时居所

信心小的人，若透过敬拜和赞美而得救，那真是件非常幸福的事！但若未能得救，就会被地狱使者拉入下阴间。为了适应邪灵世界，将暂时住在一个临时居所。如同得救的灵魂为了适应天国的生活，要在上阴间先住三天一样，未能得救的灵魂要在下阴间设置的大坑里居住三天。

在临时居所住三天，以适应邪灵世界

得救的灵魂在上阴间等候三天，心中充满喜乐与平安，为了将来过美好的生活而欢乐、期待不已。然而，被拉入下阴间的灵魂，将照着在人世间所犯的罪恶，受各种相对等的刑罚。首先，在临时居所住三天，以适应邪灵的世界。这三天虽然是等候的日子，但并不安宁，因在地狱里痛苦的生活即将展开。

在那里，有一种长得既凶恶又丑陋的鸟，会用又大又尖的喙不停地啄撕灵魂。或许有人会认为，灵魂已经与躯体分离了，即使遭到鸟的啄撕，还会感到疼痛吗？岂知这些鸟是属灵性的，所以能够伤害灵魂。当它用尖锐的喙去啄时，皮肤会被撕裂，鲜血直流，有时还会把眼球啄出，想躲也无处可躲，所受的痛苦无法用言语形容。

3. 根据罪恶分别在下阴间受刑罚

在如同大坑的临时居所等候三天之后，灵魂就要依据各自的罪恶被分别打入下阴间的不同居所。天国是极其广阔的空间，地狱也是如此。仅占地狱一小部分的下阴间里，就分成好多不同的居所，没有得救的灵魂都被监禁在那里。

根据各自的罪恶被打入不同的受刑场所

下阴间是个黑暗、潮湿且给人以感觉被火焦烤的地方，没有得救的灵魂在那里不停接受鞭打、刺扎和撕扯的拷打。

在下阴间受刑罚的灵魂，有眼，有口也无用处，有手，有脚也无济于事，所受的痛苦无法用言语形容。在那里，连一声痛苦喊叫都很难。

在世间，四肢一旦被截断，就无法再接上，再大的痛苦，只要死去就可以了结，可在下阴间却不是如此。脖子被砍断还会再接上，身上其他部分也是如此。割下一块肉，一会儿就会再长出来，如同用刀切水一样。鸟啄吃了眼球，又会再长出新的眼球；剖开肚子拿出脏腑，也会立刻再生出新的脏腑；流的血再多，很快地又得到补充。所以在下阴间，众灵魂流出的血如江河。

灵魂是不灭的，所以刑罚也不会停止；灵魂所受的痛苦，自然也就没有停止的一天。在那里，只能看到残酷的刑罚，听到痛苦的呻吟，以及闻到鲜血的腥味和扑鼻的烂臭味。

使人联想到战场凄惨景象的下阴间

较年长的人，有可能亲身经历过战争，就算没有体验过战争，也能透过电影和历史了解战场上那凄惨的景况。

战场上死伤的官兵横尸遍野，有的失去了双腿，有的缺了眼珠子，有的脑浆从脑壳里流了出来。震耳欲聋的爆炸声、弥漫的烟雾、污浊的空气、令人作呕的血腥味、哭叫声、呻吟声……简直就是人间地狱!

下阴间的景象与战场上比起来，有过之而无不及，并且在下阴间受的痛苦是永无止尽的。那些灵魂在严刑之下无助地挣扎，千方百计想挣脱痛苦，可是等待他们的却是更深、更难忍受的刑罚，就是那熊熊燃烧的火湖和硫磺火湖。当受这些痛苦后才知道悔悟："当初为什么不接受福音？为什么没有好好信，犯罪作恶？……"可是一切都为时已晚矣!

4. 路西弗掌管下阴间

如同人世间有各样的刑罚，同样的，未能得救的灵魂在下阴间所受的刑罚也是五花八门的。

有的灵魂全身溃烂，有的被无数昆虫叮咬，有的遭猛兽撕扯，有的被烧红的烙铁烙烫，还有的受地狱使者的拷打、站在滚烫的沙子上，或被投入火堆、水坑里……

未得救的灵魂受刑罚的地方，神并不直接管辖，乃是神交给邪灵的领域。如同糠秕般未能得救的灵魂居住的下阴间，完全在毫无慈悲之心的路西弗掌控下。

邪灵之魁——路西弗的真面目

路西弗是谁呢？享有"早晨之子"美誉的路西弗，曾是深受神爱的天使长（参考以赛亚书十四章12节），后来却成了与神敌对的邪灵之魁。

天使没有"人性"，也无自由意志，就如同机器人，只按着命令行事，没有自我的抉择和判断。但是神却例外地赋予几名天使人性，与他们分享爱。神让路西弗担当管理音乐的天使长职务，用它动听的嗓音和乐器之声颂赞神的伟大，使神愉悦。

因它深得神的宠爱，久而久之便滋生了骄傲之心，继而野心勃勃想凌驾于神之上，最后发动叛乱与神敌对。

> "你曾在伊甸神的园中，佩戴各样宝石，就是红宝石、红璧玺、金钢石、水苍玉、红玛瑙、碧玉、蓝宝石、绿宝石、红玉和黄金，又有精美的鼓笛在你那里，都是在你受造之日预备齐全的。你是那受膏遮掩约柜的基路伯，我将你安置在神的圣山上，你在发光如火的宝石中间往来。你从受造之日所行的都完全，后来在你中间又察出不义。"（以西结书二十八章13-15节）

与神敌对的路西弗

圣经里记载，有许多天使跟随路西弗（参考彼得后书二章4节；犹大书6节）。天国里有不计其数的天使，其中有三分之一站在路西弗那边，由此可知它的同伙众多。

路西弗发动叛乱是出于其傲慢之心，但是其他天使为什么也参与叛乱呢？看过电影中那些惟命是从的机器人，便可了然于心。

路西弗先拉拢跟随它的领头者，这样一来，它们手下率领的众多喽啰也就跟随了路西弗。与路西弗一起参与叛乱，除了天使以外，还有龙和基路伯。与神为敌的路西弗最终失败。它和跟从它的众喽啰全部被赶出了天国，直到神为耕作人类而重新起用之前，一直被监禁在黑暗的无底坑里。

"明亮之星，早晨之子啊！你何竟从天坠落？你这攻败列国的何竟被砍倒在地上？你心里曾说：'我要升到天上，我要高举我的宝座在神众星之上；我要坐在聚会的山上，在北方的极处；我要升到高云之上，我要与至上者同等'然而你必坠落阴间，到坑中极深之处。"（以赛亚书十四章12-15节）

路西弗在天国得神宠爱时，具有无以形容的耀眼美丽的形状，可是堕落之后，变得丑陋无比。据灵眼打开，亲眼目睹过路西弗的人描述，它头发蓬乱，向上竖起，红、白、黄杂陈，面目狰狞，令人毛骨悚然。

路西弗至今仍不断地鼓动流行风，所以很多人喜欢穿戴奇装异服，把头发染成五颜六色，跳舞的动作如发狂般，并喜欢用手指着观众。这一切都是邪灵之魁——路西弗透过各种传播媒体掀起的浪潮，透过这种方式扰乱人的精神，使人与神疏离，与神敌对。

若是真正诚心相信神的人，就不应该卷入此浪潮之中，与世俗同流合污。一旦沾染这种风气，心思意念被卷入，爱父的心就不在他里面了（参考约翰一书二章15节）。

把下阴间弄成恐怖深渊的邪灵

美善的神，竭尽全力要将祂的儿女引向天国，永享福乐。但邪恶的路西弗及跟随它的邪灵们，却是动用一切恶的智慧，研究拷打方法，千方百计地把下阴间弄得更加阴森可怕，增加灵魂的痛苦。

在世间，狠毒的人也千方百计想出各样的刑罚。犹记日本帝国主义统治时期，对提倡独立运动的人士施予的酷刑：在手指甲下扎竹签，用钳子拔手指甲和脚指甲，将人倒挂起来往鼻子里灌辣椒水，用烧红的烙铁往身上烫；有的人受酷刑，肠子都流出来，简直无所不用其极。

韩国封建王朝时期，有一种刑罚是将犯人的两条腿捆绑之后，在两腿之间插进两根木棍向外掰，硬是把腿骨掰断，那种痛苦是无法用言语来形容的。

人类想出来的刑罚尚且如此之多，更何况智慧和能力都超过人类的邪灵。受刑的灵魂，越是痛苦，邪灵们就越兴奋。

因此，我们应当正确地认识邪灵的世界，战胜邪灵！若要战胜邪灵，就必须不受世俗的污染，过分别为圣的生活。

5. 在下阴间掌刑的地狱使者的真实身份

在下阴间对未得救的灵魂施予刑罚的邪灵们，都是跟随路西弗反叛失败，而被打入下阴间的天使。

"又有不守本位、离开自己住处的天使，主用锁链把他们永远拘留在黑暗里，等候大日的审判。"（犹大书一章6节）

那些邪灵被神用锁链捆绑居住在下阴间，不能离开，也不能到外面，直到白色大宝座审判结束。所以有人说，那些堕落的天使是人间的鬼，此种说法是不正确的。

所谓鬼，是未得救的人中，死后因特殊原因仍然游荡于人间的灵魂。这部分将在第八章作进一步说明。

地狱使者是跟路西弗一起堕落的天使

如上所述，那些堕落的天使在大审判之前，一直被捆绑并监禁在黑暗的地狱里。没有得救的人一旦死去，地狱的使者便来到人间把死者的灵魂带到下阴间，除非执行特殊任务，否则是不能走出地狱的。

堕落以前它们都曾为神做事，具有极为荣美的形像，可是受神的咒诅后，失去了原本的形像。地狱使者的样子令人毛骨悚然，阴森而黑乎乎的形状，有的像人的面孔，有的是各种可憎禽兽的形象。

它们受了咒诅变了形像，其形状仿佛圣经上记载的包括猪在内的各种可憎的禽兽（利11章），并用各种怪异的色调和纹样装饰了全身。

它们身穿阴森可怖的铠甲，脚蹬军靴，身上带着各种看似锋利无比，身体一触即破的刑具，还有的手里拿着刀、枪和鞭子的等凶

地狱的使者，它们黑乎乎的阴森可怖的形状，令人毛骨悚然。它们面孔即像人，又像各种可憎之兽类的形象。它们与《圣经》上记载的包括猪在内的各种可憎的禽兽相似，但它们因受了咒诅而变了形像，以古怪的色调和纹样妆饰其身。

器。地狱使者是黑暗世界的掌权者，他们样子咄咄逼人，走动时令人感觉到强悍的气息。谈起鬼，大多数人都会很害怕，若是灵眼打开看到地狱使者，那是比鬼更恐怖的样子。

掌管地狱，并对未得救灵魂施以酷刑的地狱使者

那么，地狱使者都做些什么事呢？

一是管理地狱，二是对那些未能得救的灵魂施以酷刑。

地狱使者在下阴间所施行的刑罚都是极其残酷的。比如：带有一副狰狞的猪形象的地狱使者，用刀把犯罪的人身上的肉一块一块割下来；在犯罪的人身上不断充入气体，直到开肠破肚；用鞭子不停地狠抽猛打等等。

地狱使者对那些未得救的孩子的灵魂，也不放过，又扎又打，他们不认为是在施刑，反倒视为一种乐趣。当人充分认识地狱刑罚的可怕时，自然会尽心尽力为拯救失丧的灵魂努力。

一九九二年，我因过度压力和疲劳，濒临死亡的边缘。那时神让我看见好多圣徒背离神，走向地狱之门，我本希望早日回到主的怀里，但自觉不能弃那些圣徒于不顾，心中便有了强烈的求生欲望，开始向神祷告，求神救我。神果真听我祷告，使我奇迹般地恢复了健康。

因为我了解地狱里的情形，不希望任何灵魂落入地狱受刑，所以努力地向人见证地狱。因而，我奉主耶稣基督的圣名祝福各位，当以坚定的信心过信仰生活，更加迫切祷告并传福音，使家人亲朋好友都能得救。

第四章

未得救的孩童在下阴间受何种刑罚?

愿死亡忽然临到他们，

愿他们活活地下入阴间；因为他们的住处，

他们的心中，都是邪恶。

诗篇五十五章15节

以利沙从那里上伯特利去，正上去的时候，

有些童子从城里出来，戏笑他说："秃头的上去吧。秃头的上

去吧！"他回头看见，就奉耶和华的名咒诅他们。

于是有两个母熊从林中出来，

撕裂他们中间四十二个童子。

列王记下二章23-24节

第三章已说明地狱是由堕落的天使长路西弗管辖，并由受其蛊惑而一起堕落的天使管理着。

地狱使者对未得救的灵魂，依据其罪恶的轻重施以刑罚，刑罚分为四个层次。其中以按良心审判落到地狱的灵魂，受的刑法为最轻；至于出卖耶稣的加略人犹大这一类型——良心如同被热铁烙惯，敌对神的灵魂，所受的刑罚最重。

以下针对不同年龄层的孩童，在地狱下阴间所受刑罚加以说明。

1. 胎儿及吃奶婴儿的刑罚

即使是不懂事的孩子也带有原罪。若父母是未得救的人，加上这孩子因本性偏恶，难以通过良心审判，就会被打入地狱的下阴间。不过，婴儿所犯的罪毕竟比成年人轻得多，所受的刑罚也较轻，但还是须受挨饿之类的痛苦。

由于饥饿，本能地哭叫不休的婴儿

那些还不会说话、走路的婴儿，被单独监禁在下阴间一个较大的居所里。他们的灵魂具有死亡当时的婴儿形状和意识，没有思考和活动能力。他们因过于年幼，头脑里尚未存入属魂的知识，他们不认识自己的父母，连自己现在身处地狱的事实都无法认知，只是本能地感到饥饿而哭叫不停。

地狱使者用锥子状的尖锐刑具，走近哭喊婴儿，往他的肚子、手臂、大腿、眼睛或者手指甲、脚趾甲缝刺扎，婴儿被扎得痛苦不堪。即使他们哭得再厉害也没有人会去哄他们，哭声只会促使地狱使者的虐待变本加厉。有时还会拉出一个婴儿，往婴儿身体里吹气，把婴儿吹成肉球般在地上压滚、玩弄，真是令人怵目惊心！

失去温暖与安乐，被抛弃的胎儿灵魂

尚未出生就失去生命的胎儿如何呢？大部分胎儿都能得救，之所以说是"大部分"是因为有例外情况：父母若严重敌对神，作恶甚重，其邪恶的"精气"就会遗传给胎儿，胎儿便带着邪恶的本性出生，以至与救恩无关，所以只有极少数胎儿无法得救，他们的居所与刚出生的婴儿差不多。

这类婴儿无任何意识，也无自犯罪，因此所受的刑罚和成年人完全不同。他们被监禁在地狱的下阴间，无法享受母腹中的温暖及安稳，这就是他们的刑罚。

他们仍保留着在人间死去时的模样

被监禁在地狱下阴间的灵魂模样如何呢？若是婴儿时期死的，灵魂就是婴儿的模样；若是胎儿时期死的，灵魂则是胎儿的样子。

得救进入天国的灵魂亦是如此，死亡时候的模样，和进入天国后一样，等到神结束对人类的耕作，主再次降临，那些灵魂就会复活。那时，得救的灵魂，不论是谁，都将像复活的主一样，拥有三十三岁俊美的灵性的身体，即使是身材矮小或残疾之人，都有美丽而完全的躯体。

但被打入地狱的灵魂则恰恰相反，他们具有与在人间死去时的形状，因为缺乏耶稣所赋予的生命力，所以无法复活。他们终日惶惶不安，面目狰狞，脸色像尸体般地发青，头发长而散乱；穿着破旧衣服，围着几块布，甚至有光着身子的。

得救的灵魂，在天国则穿着细麻布衣，头上戴着光彩耀眼的冠冕，并依照各自不同的身份，佩带不同的饰品。地狱里按各人的罪恶程度，穿戴也不一样。

2. 咿呀学语的学步儿的刑罚

开始迈动小腿、咿呀学语的幼儿，在地狱的下阴间受什么样的刑罚呢？他们被单独收容在一个居所里，因尚未拥有逻辑推理的思考能力，只是本能地受痛苦。

极度恐惧，哭喊着父母

那些两到三岁的孩子还不知什么是死亡，更不知为何来到这里，只记得有爸爸、妈妈，于是不停地哭喊呼叫："爸爸……，妈妈……，你们在哪里啊？我要回家！"让人听了就于心不忍。

世间的孩子一旦跌倒，父母都会急忙跑过去，心疼地安抚。可是在地狱，即使流血疼痛大哭大喊，也无法看到妈妈。人世间有些孩子跟着妈妈到市场或百货公司时，一旦看不到妈妈，便会惊恐地大哭大叫，更何况在阴森恐怖的地狱里？婴儿没有父母的保护，怎会不感到畏惧呢？众多婴儿的哭喊声夹杂着地狱使者的威吓声，婴儿们的表情极度惊恐，却无从脱逃。

地狱使者如消遣娱乐般对婴儿们拳打脚踢，并挥舞着鞭子威吓，婴儿们蜷缩着身子想躲开，却毫无招架之力。众多的婴儿在互相碰撞、挤压之中不停地哭喊，还要受饥饿、恐惧和思念父母的痛苦煎熬——这就是婴儿在地狱的悲惨实情。

二至三岁的婴儿会有多大的罪呢？但这婴儿的灵魂也当为原罪和自犯罪付出代价，在下阴间受刑。婴儿尚且如此，罪孽深重的成年人在地狱所受的刑罚，便可想而知了。每个灵魂都按各自罪恶的轻重，受相当的酷刑。

然而无论是谁，只要诚心接受耶稣基督，且行在光明之中，就能免于一切刑罚。因祂的宝血能洁净人的过去、现在、未来一切的罪过，使人能进入永恒的天国。

3. 能跑能说的幼儿的刑罚

三至五岁，能跑也会说话的学龄前幼儿，在下阴间受什么样的刑罚呢？

地狱使者用叉子扎幼儿，孩子们慌忙闪躲

这年龄层的幼童们，被单独收容在一个阴暗且空旷的居所里受刑罚。地狱使者用三叉戟追着慌乱中逃跑的幼童。

所谓的三叉戟，是一种有三股长齿的器具。地狱使者手拿此种器具，像猎人追赶猎物般地追赶那些幼童，逼到悬崖处，下面尽是如岩浆般滚烫的热水。起初幼童不敢往下跳，但为躲避从后面扎过来的三叉戟，无路可逃，只能纵身跳进滚烫的热水里。

幼童们在滚烫热水里挣扎

被热开水烫伤的滋味比挨三叉戟还难熬：开水灌进幼儿的鼻子和嘴巴，承受窒息般巨大的痛苦，幼童们为了把脸露出水外，极力挣扎着，而地狱使者看着他们受煎熬的场面，反而发出阵阵的奸笑声：

"哈，真好玩，真痛快啊！
是谁把那些孩子送进地狱的呀？
他们的父母也绝不能放过，
等他们死后，把他们也带到这里来，
让他们看看自己的孩子！"

当幼童在滚烫的水里受尽痛苦之后，地狱使者又用鱼网把他们再捞上来，放回原处，然后再用三叉戟开始追赶，幼童们慌忙地

东奔西跑，又被追到悬崖上，无可奈何又跳进热水坑里，如此反反复复，永无止境地受折磨。若曾被熨斗或汤锅烫过手指，必能体会那痛楚的滋味。

烧伤达三度以上，就会疼得直跳脚，皮肤也将坏死、脱落、露出红肉，久了还会溃烂，发出恶臭；即使治愈，也会留下难看永久的疤痕，造成生理、心理创伤。而治疗过程中的疼痛，是折磨也是煎熬，会让人痛不欲生，看在父母的眼中，何其担忧？何其不忍？但是这种痛苦，与地狱里受热水滚烫的刑罚相比，简直是天壤之别。

反复不停的刑罚

掉入悬崖滚烫的热水坑里，幼童全身都被淹没。那里的水不仅滚烫，而且形成岩浆似的糊状，还有一股难闻的恶臭。此种污浊的水，若进入鼻子和嘴里，其痛苦与烧伤的疼痛是无法想象的。

在世间若用这种刑罚反复不停地折磨幼童，痛苦到一定程度，会昏迷、死去；但在地狱里，永远都不会丧失知觉。三到五岁的幼童因其罪恶未能赦免，竟受如此残酷的刑罚，那么成年人被打入的地狱居所，当然比幼童的居所更为阴森恐怖！

4. 六岁至青春期以前孩童的刑罚

下面谈谈五、六岁至青春期以前的孩童在下阴间会受什么样的刑罚。

被埋在散发臭味的血河边忍受饥饿

创世以来，无数未得救的灵魂被监禁在下阴间接受酷刑，胳膊腿被斩断后，又会再长出，每次被斩，都流出鲜血，如此反反复复、永无止境，形成了一条血河。这与世间一样，每经过一场战争大屠杀，被害者尸首异处，惨不忍睹。现场散发出来血腥味，倘若碰上大热天，蛆虫滋生，那令人窒息的腐臭味，更让人掩鼻叹息，血流成河的惨状最易引发传染病。

而在属地狱下阴间里，就不是这种人间的血河、血池的概念，而是人能游其中的大血河。在那散发着恶臭味的血河边上，有好多六到十二岁的孩童被埋在地里受刑罚，罪恶越大，被埋之处越靠近血池岸边。

有的用手抠土，有的相互撕打，有的被虫叮咬

离血河最远处的孩子，虽然没有被埋在地里，但是为了寻找食物，不停地用手指抠土，他们的脸色发白，希望能从地里挖出食物充饥，可是手指都皮开肉绽，露出了骨头，最后把手指都磨掉了，依然一无所获。

罪恶较重的孩子住在离血河稍近的地方。他们下半身被埋在土里，上半身裸露在外；由于实在是饥饿难当，饿到吃同伴的肉，因而不停地相互撕打。

罪恶最大的孩子则住在血河岸边，脖子以下全埋在土里。在世间被土埋至脖子，将因无法呼吸、血液不通致死。然而在地狱，

人的灵魂是不灭的，只能永远受痛苦。

　　在血河岸边，终日闻着腐败血液的腥臭味，经受令人窒息的痛苦。还有长得像蚊蝇一样的无数毒虫，从血河中上来，叮咬脸部，但因身体被埋的缘故，无法驱逐那些毒虫。被疯狂扑来的毒虫叮咬，整个脸上毒性扩散，肿胀变形，凹凸不平，面目全非。

创世以来未能得救的众灵魂，在下阴间受严酷拷打时所流的血形成大河

成为地狱使者的玩物

那些孩子所受的折磨还不仅如此。

血河岸边是地狱使者休憩、嬉戏和玩乐的地方，他们肆无忌惮放声大笑，笑声之大足以使孩子们的耳膜震裂。他们穿着底部带有各种利器的钉鞋，竟然若无其事地从孩子们的头上走过去，

孩子们的头皮被踩裂，头发一撮撮地被脱落，鲜血直流。

眼见这等惨况，让人不禁质疑，这些只是小学生年龄的孩子，他们所犯的罪过究竟能有多大，竟要受如此残酷的刑罚？

然而我们必须知道，即使是孩子，也都带有原罪和自犯罪。按照灵界法则"罪的工价乃是死"（参考罗马书六章23节），不论年纪大小，有罪就得受惩罚。

5. 戏笑先知以利沙的孩童之刑罚

列王纪下二章23至24节记载，神人以利沙从耶利哥城前往伯特利时，从耶利哥城出来的一群孩子竟对着以利沙嘲笑，以利沙无法忍受，便咒诅了他们，这时有两只母熊从林中出来，撕裂了他们中间的四十二个孩子。这些孩子后来的下场如何呢？

在血河岸边，脖子以下全被土埋

被母熊撕裂的孩子就有四十二名，由此可以推测，当时跟在以利沙后面，嘲笑他的孩子如此众多。以利沙是事奉神的先知，照理不会因为孩子们的嘲笑，就立刻咒诅他们。

可是那帮孩子在以利沙的后头放肆大叫："秃头的上去吧!"还用石头打他，用木棍捅他。起初，以利沙好言劝阻，接着又厉声斥责，但都不管用，他忍无可忍才对那些孩子下了咒诅。

这事件发生在几千年前，当时人的良心较比现在善良的多，世

恶臭刺鼻的血河岸边，有六岁至青春期之前的孩子们在受着刑罚，罪越深重，越挨近血河，他们的身体被深埋在岸边，只露头部，一动也不能动，受各种毒虫啃噬叮咬和地狱使者的蹂躏。

未得救的孩童在下阴间受何种刑罚?

间罪恶也不像现在这样满盈，可是这些孩子们竟然戏弄行神权能的先知，可知他们的顽恶程度已过了限度。

结果，那帮孩子在血河岸边，终日受脖子以下被土掩埋的刑罚，他们要闻血河散发出的血腥味和恶臭味，并受各种昆虫无止境的叮咬，以及地狱使者的惨忍酷刑。

作父母的应好好教育子女

报上常见孩子们稍不合心意就排挤朋友，甚至还抢朋友的钱、进行殴打，有的还用烟烙同学的身体的虐待行为。有的孩子因熬不过这种折磨而选择自杀。有些孩子才小学就开始组织暴力团伙，模仿罪犯行凶杀人。因此作父母的应当重视品格教育的重要性，更应懂得教导孩子从小敬畏神，并有良善之心。

假如各位进入天国后，看到自己的子女在地狱受刑，那会有多痛心疾首啊！若不想让自己的子女受那种刑罚，就应从小好好管教他们。使他们做礼拜时，不喧闹、不跑动、而认真祷告、赞美，敬虔拜神。即使是还不会说话、吃奶的婴儿，只要母亲用虔诚的信仰教养孩子，孩子就不会在礼拜时哭闹，那就是神赐予孩子的奖赏。

父母若肯下功夫教育孩子，三至四岁的幼童也可以参加礼拜。当然敬拜祷告的方式得依据小孩年龄的不同有所区别。起初祷告五至十分钟，之后时间慢慢地延长到三十分钟至一个小时。即使是年幼的孩子，只要给予与其水准相符的真理的教导，会比大人更加铭刻在心，努力改变。当圣灵感动时，也会流眼泪认罪悔改的。

最重要的是要让孩子清楚知道耶稣是谁，为什么要信奉祂。透过信仰教育，栽种对主耶稣的信心。

罗马书十章14节说："然而，人未曾信他，怎能求他呢？未曾听见他，怎能信他呢？没有传道的，怎能听见呢？"

若不是许多先知牺牲生命，以无惧的殉道精神开创信仰之路，我们岂能听到福音呢？所以应积极传福音，向垂悬在地狱门槛的无数灵魂招手，拯救他们走向光明的得救之路。

哥林多前书九章16节，使徒保罗曾怀着传福音、誓死忠心的使命说道："我传福音原没有可夸的，因为我是不得已的；若不传福音，我便有祸了。"我们应学习使徒保罗的精神，因对主爱戴之心，积极向世人传福音，尽可能使更多的灵魂免受地狱之刑。

我奉主耶稣基督的圣名祝福各位，完成这一光荣的使命，从而进入天国，在神的奖赏中永享福乐。

第五章

未得救且已过青春期的人在下阴间受何种刑罚?

你的威势和你琴瑟的声音都下到阴间；
你下铺的是虫，上盖的是蛆。

以赛亚书十四章11节

云彩消散而过；照样，人下阴间也不再上来。

约伯记七章9节

进入天国的灵魂，乃依据在世所言所行而获得不同的奖赏，同样，落入地狱的灵魂，也按照各人罪行的轻重程度，受不同的刑罚。

罪恶越重，落入地狱的居所越深，所受的痛苦也就越大。而判定的标准乃是与神疏远的程度，即受到恶灵之首"路西弗"的影响，决定落入下阴间的哪一层居所。

加拉太书六章7至8节说："不要自欺，神是轻慢不得的。人种的是什么，收的也是什么。顺着情欲撒种的，必从情欲收败坏；顺着圣灵撒种的，必从圣灵收永生。"

青春期以后的人，在下阴间将受什么刑罚呢？根据罪恶的轻重，所受的刑罚可分为四个阶段。因实况惨烈，在此只稍作扼要的说明。

1. 用热沙、炙岩、沸水、冰等没有生命的无维物质施行的第一阶段刑罚

下阴间沙漠的温度比地球上的沙漠高七倍。有的灵魂站在滚烫的沙子上痛苦难忍，举目张望，浩瀚的沙海无边无际，想逃也无处可去。

可曾在七月天光脚走在炙热的沙滩上？在韩国的海边，要想光着脚走十至十五分钟，已是不容易的事，何况走在地狱的沙漠呢！

有次到圣地巡礼时，我和另一个人在前往死海的路上，光着

脚在柏油路上赛跑，才跑了一半路程，脚掌就已烫得难以忍受，但出于好胜心，继续往前跑。

好不容易到达目的地，我们立刻跳入游泳池，把脚泡入冷水里，还好两个人的脚掌都没有烫坏。我们只跑了十分钟左右，就感到痛楚难耐，难怪那些灵魂在下阴间的炙热沙漠，不断东奔西跑，一心想摆脱这折磨，可悲的是无论到哪里都是一样。然而，这还算是下阴间中刑罚最轻的第一阶段！

有的灵魂被放在烧得通红的岩石上，如同烤架上的肉片一样被烘烤。不仅如此，还有一块块滚烫的岩石从上面砸下来，把一个个灵魂压成肉饼状，这种被砸、被压的滋味如同火上加油，皮开肉绽、筋骨断裂、肝肠外露、脑浆迸出，真是惨不忍睹！

地狱里灵魂的身体与人世间的躯体虽不一样，但对痛苦的感觉却是相同的。所以在下阴间的各层居所里，后悔的叹息和痛苦的哀号声不绝于耳。

2. 用蛇、雕等狰狞的动物啄咬施行的第二阶段刑罚

透过财主和讨饭的拉撒路两者截然不同的结局，可略知下阴间的恐怖。神透过圣灵的感动，将一灵魂在下阴间受痛苦的情况，显现给我知晓，以下是他的告白，盼各位圣徒因此有所领悟。

"我被拉过来拉过去，反反复复；

我东奔西跑，漫无边际；
跑啊跑啊，永无止境。
在那臭气熏天之地，我遍体鳞伤；
蚊蝇叮咬，吸我的血；
我咬着牙，拼命奔跑，
可是等于原地踏步。
各种昆虫落满了我的全身，
喝我的血，啃我的肉；
这种痛苦实在是难以忍受啊！

一定要把我的话转告给世人，
千万千万不要步我后尘，
因为这里实在是太难熬了。
环顾四周茫茫一片，
想躲也无处可躲，
那可恨的昆虫成群地跟着，
不停地叮咬，
以后等着我的是更可怕的火湖，
我可怎么办啊? 怎么办才好啊?

我在人间虽未信主，
但自认为人还算善良，

可是到了这里才知道，
原来自己一身的罪孽。
我受刑罚，咎由自取，
如今懊悔，已来不及。

世人们啊，莫要学我！
好多人自以为清白无辜，
没有违背神的旨意，
但结果还是来到这里。
嘴巴说信，心里却不信，
这种人所受的痛苦比我更甚！

我因熬不过折磨想晕过去，
但晕不倒；
紧闭双眼，想睡上一觉，
但眼睛依然清晰明亮。
我迈开双腿，用力往前跑，
但跑到哪里都是一样。

世人们啊，莫要学我！
千万要牢记我的忠告。"

此灵魂还算是有点良知，受昆虫叮咬的刑罚时，还能想着世人，忠告世人。路加福音十六章，在下阴间受烈火烧烤的财主也是一样，他哀求别人转告他的家人，千万不要到他那里去。

但被打入下阴间第三、四层的灵魂，连这点善心都没有。他们不仅与神为敌，还推卸责任，彼此之间不停地埋怨，撕打。

3. 埃及的法老王受何种刑罚？

圣经中的法老王因与摩西作对，死后被打入下阴间，受第二阶段刑罚。更确切的说，他所受的是第二层较重的刑罚，已接近第三阶段刑罚。

埃及法老王是因什么罪被打入地狱？他在下阴间受何种刑罚？以下是具体的说明。

遭受灾难也不肯悔改的法老王

当以色列百姓在埃及过奴隶生活时，神指示摩西，要他带领神的百姓——以色列人离开埃及，前往迦南地。为了完成使命，摩西晋见法老王，求他恩准，但法老王断然拒绝。

神为了折服法老王，借着摩西降下十灾：血灾、蛙灾、虱灾、蝇灾、畜役之灾、疮灾、雹灾、蝗灾、黑暗之灾、所有头胎必死之灾。每次遭难时，法老王为解除灾难，就答应放走以色列人；一旦透过摩西向神祈祷解除灾难后，法老王又不遵守诺言，继续对以色列人加以迫害。结果，在埃及全地，无论是人还是牲畜，凡头生的都必死无疑，连法老王的长子也难以幸免，到了这地步，法老王才允许以色列人离开埃及。可是没多久，法老王又再次反悔，派兵追击以色列人，于是发生摩西以杖分开红海的神迹。

神显现大能，使红海分开，形成一条通道。以色列百姓从通道的干地中走过红海，可是当埃及人进入红海后，海水又重新合拢，结果埃及全军覆没，葬身海底。

从圣经中可以看到，外邦的国王中，有些人把以色列人信奉的神当作真神，由衷地敬仰。可是法老王虽先后十次经历神的大能，却依然冥顽不化，结果失去了长子，丧失了众多将士，使国家走向败亡。

现今的世代到处充斥着类似法老王般刚硬的人，这些人听过或亲身经历过神的大能，却仍不肯信奉耶稣、离弃罪恶。若始终不肯悔改，继续与神敌对，到头来将会受与法老王同等层次的刑罚。那么，法老王在下阴间究竟受何等刑罚呢？

被监禁在臭水坑里的法老王

他被监禁在又脏又臭的水坑里，有同等罪名的无以数计的灵魂同样受监禁。由于身体被牢牢夹紧，无法环顾四周，一动也不能动。

虽然他在世上是国王，但在那里却毫无用处，也得不到比别人更好的待遇。在世间越是极尽荣华富贵，养尊处优，到了阴间越是受地狱使者的戏弄和折磨。

法老王被监禁的水坑，与普通的水坑不同。若见过世上那些最严重的海水污染，可想而知该有多脏多臭。

在船只停泊的港口，水面漂浮着厚厚油渍。被污染的废水，不但鱼类和其他生物无法生存，人把手伸入其中，也会得皮肤病，法老王正是泡在那样的脏水里。那里面还有好多类似蛆一样的虫子在蠕动，体型比蛆要大好几倍，颜色灰沉沉的。

虫子啃掉眼、脑等柔软的器官、组织

这些虫子爬到被监禁在臭水坑里的灵魂身上，从较柔软的器官开始啃蚀。先是眼睛，然后爬入脑壳里吸食脑髓。

平常，若有微小的灰尘进入眼睛，都难以忍受，更何况被虫子啃蚀呢！虫子啃完了眼球，又进入脑壳里钻来钻去，吸食脑浆，然后再开始向下啃，一直啃到脚趾尖。这痛苦的过程，岂是言语所能形容？

被昆虫小小的刺蜇一下，就痛得直跳脚，如果用粗点的针扎，就更加疼痛难耐。

试想，若是用锥子一点一点地扎手上的皮，再把筋肉刮下来，露出白骨，这是何等的残酷呢？扒完手上的皮肉，接着把胳膊、肩、胸、肚子、腿、臀等部位的皮肉也刮下来。当那些虫子把皮肉啃得血肉模糊，连神经系统也一起啃蚀精光时，灵魂往往痛得死去活来。

恶臭扑鼻的水坑中遍满类于蛆虫，但比其大好几倍的呈暗灰色的虫子。这些虫子啃噬那些落在坑中的灵魂，从头到脚，神经、组织、骨节逐一啃噬，甚至吸吮骨髓，并且穿透肚皮，蚕食胃肠、肝脏、心脏等五脏六腑。

五脏六腑与骨髓被反复啃蚀而苦不堪言

这虫子钻进肚子，一点一点地把胃、肝、心脏等五脏六腑全都啃掉，此外，它们还用尖利的嘴钻入骨头里吸食骨髓。

大多数女人看到成堆的蛆，都会感到很恶心，立即躲得远远地，何况在下阴间的那些灵魂，眼睁睁看着比蛆还大好几倍的虫子爬在自己身上，乱啃乱咬，甚至钻进骨头里！那种痛苦是无法忍受的。若在世间受此种痛苦，不用多久就会晕过去，可是与神作对的法老王，却要永远受这种刑罚。

那些虫子啃完了全身，痛苦就此结束了吗？当然不是！过了一会儿，被虫子吃掉的部分又重新长出来，如此不断地反复，所受的苦刑是永无止境的。

这种现象如同天国树上的果子一样，摘下来一颗，马上又会再长出新的来。地狱里的灵魂也是一样，身上的某一部分被吃掉，马上又恢复原状。

即使为人善良，若是不信耶稣也属罪人

有些人活在世上，行事为人都很良善，惟独不肯接受福音。按世人的眼光，这人是良善的，但以真理的角度而言，却非在真理中行义、行善之人。

加拉太书二章16节说："既知道人称义不是因行律法，乃是因信耶稣基督，连我们也信了基督耶稣，使我们因信基督称义，不因行律法称义，因为凡有血气的，没有一个人因行律法称义。"

相信耶稣基督才能因信称义。人若从内心真正相信耶稣，自然会照神的话语而行。世间有很多神创造万物的见证，以及许多超凡权能的见证，充分证实了神的存在，但有人仍不肯相信耶稣基督，这是内心刚硬、心灵邪恶的人。

因此，为人处事即使善良，若是不接受福音、不相信耶稣基督，到头来还是落入地狱。这种人与那些为了满足情欲而犯罪的人比较起来，罪恶还算是轻的，所以受的是下阴间第一或第二阶段刑罚。

凡未听过福音就死去的，按良心审判未能通过的，也要在地狱里受第一或第二阶段刑罚。但是作恶多端、罪孽深重的人，就要遭受第三、第四阶段刑罚了。

4. 地狱使者施行的第三阶段刑罚

在下阴间受第三、第四阶段刑罚的，是那些与神为敌，丧尽天良，亵渎圣灵，干犯圣灵，以及毁谤神国的灵魂。

企图诋毁神国并诬陷和中伤他人定为异端，这是亵渎圣灵的罪，要在地狱受第三、第四阶段刑罚。罪恶较轻的，遭受第三阶段刑罚，重些的就受第四阶段刑罚。

第三阶段刑罚，由地狱使者执行。为了更了解这种刑罚，先谈谈世间的各种酷刑。

现代人无法想象的古代酷刑

在人权得不到保障的时代，所施行的各种酷刑，是现代人难以想象的。

中世纪的欧洲，为了让罪人坦承罪行，会把罪犯带进血迹斑斑、陈列着各种刑具的地下刑房，进行逼供；受刑者时而传出痛苦的嘶声哀号，让人不寒而栗。

当时，紧束器是较为常见的一种刑具，用这刑具紧紧地掐住犯人的手指和脚趾，然后把手指甲和脚趾甲一个个拔掉；接着把两只胳膊扭到背后，绑住手腕，再把整个身子甩到半空中，扭成麻花状。

身子不是固定悬在空中，而是一会儿放到地上，一会儿抛向空中；升降的速度忽快忽慢，令人头晕目眩。此外，也有在犯人的脚踝拴上一块数百公斤重的铁块，让骨头脱臼，拉长肌肉。

如果犯人仍不招供，就罚他坐在钉椅上，椅背、椅面和椅脚都有利刺。如是不肯就范，几个彪形大汉就将犯人强行压在椅子上，让几十根利刺同时扎进臀部、后背及小腿肚的肉里。有时还把犯人倒悬在空中，使血压上升，脑子里的微血管破裂，鲜血从眼睛和鼻腔流出。或者对犯人施以火刑，用烛火慢慢地烧烤腋下或脚掌。腋下的皮较嫩且敏感，被火烧烤会分外疼痛；烧烤脚掌则是因皮较厚，可加长折磨的时间。

还有一种刑罚，是让犯人光脚穿上烧红的铁靴，再用铁锤把靴子砸扁，还用烧红的钳子把身上的肉一片片撕下来、用刀割舌头，以及用烙铁烫口。

对于死刑犯处死的方法也极其残酷。将犯人装入一个如同车轮的大刑具里，不停地转动，犯人活活地被分解。有的则把高烧的铅液灌入死刑犯的鼻孔或耳孔里，将他烫死。

光是人间的刑罚，就足以让人胆颤心惊了。然而，在地狱里，路西弗手下的地狱使者所施行的第三阶段刑罚，比上述刑罚更为残暴。

地狱使者没有丝毫的同情心，他们视行刑时的恐惧与哀求为乐趣，不时琢磨伎俩要加深那些灵魂的痛苦。因此，不仅应做到自己不落地狱，也当努力拯救其他灵魂不要落入地狱。

那么，在下阴间由地狱使者施行的第三阶段刑罚究竟如何呢？

(1) 狰狞的猪形象的地狱使者切割全身的刑罚

有一种刑罚是把灵魂绑在树上，用刀将全身的肉都割下来，就像用小刀削铅笔，或者如切生鱼片时，把鱼肉一片一片地割下一样。

狰狞的猪形象的地狱使者，为了切割灵魂的身体，预备了各种刀具：有锋利的小刀，也有斧头之类的大型刀具。在地狱里，刀具永远不会变钝，还常听见磨刀霍霍声，为的是要吓唬灵魂。

● 先用刑具吓唬，再从切割手指肉开始下手

当下阴间的灵魂看到那些面目狰狞的地狱使者，听到摆弄各

种刑具时发出的铿锵之声时，一个个都吓得蜷缩着身子，连气也不敢喘。

    "要用那把刀切我身上的肉……

    要用那把斧头砍断我的身子……

    这下我可怎么办? 这种痛苦我怎能受得了!"

    灵魂在极度的恐惧中颤栗着，想逃跑，极力挣扎，反使紧绑其身的绳索越发扣进身体里，皮开肉绽。

    地狱使者待一切准备就绪后，便慢慢地走到灵魂跟前，先从切割手指的肉开始，血淋淋的肉一片接一片地被扔在地上，连手指甲也全都被拔掉。过不了一会儿，手指头没有了，手腕、胳膊、肩膀上的肉也全都被割了下来，只剩下骨头。接着要切割小腿和大腿上的肉……

● 割完全身的肉，拿出内脏后……

    接着，切割腹部的皮肉。一旦露出肠子，地狱使者便用手猛地扯出肠子扔到地上，其它的内脏也都被扯出来，或用刀具任意切割。

    在这过程中，得眼睁睁看着自己身上的肉一块块被割下来扔在地上，鲜血直流时，试问谁能忍受得了? 要知道，这可不是身上一两个部位受伤，而是全身的皮肉和内脏都要被切割。

在卖生鱼片的餐厅，有时会看到端上来的是一条完整鲜活的鱼，鱼鳃还在动，可是身上的肉已被切得与骨头分离了。看着鱼的样子，厨师可不会说："可怜的鱼啊，你该有多痛苦啊！"若有这种慈悲之心，就无法做生鱼片料理了。

因此，我们应当积极地向自己的父母、妻子、儿女、丈夫、亲戚及朋友们传福音，使他们免受地狱的酷刑。

● 以锥子扎眼，用刀切割脸和脖子上的皮肉

割完身上的皮肉，掏出内脏后，地狱使者便放下刀子，拿起锥子。灵魂很清楚用锥子要做什么，他们被打入下阴间后，受各种残酷的刑罚折磨已有几百、几千次了，所以对施刑的方法与顺序已了如指掌。

地狱使者手拿锥子走到灵魂前，把锥子深深地扎进灵魂的眼睛里。灵魂露出惊惧的表情，却无法遏止这酷刑。脸和脖子也要动刀，两颊、鼻子、额头、耳朵、嘴唇、脖子上的皮肉都要切下来，割完脖子上的肉，颈椎骨就会折断。到此，整个刑罚才算是告一段落。

● 在反复的折磨与极度的痛苦中，丧失了呼喊的能力

各种刑罚结束后不久，身上又会再长出新的皮肉，恢复原状。一系列残酷的刑罚再度开始。

刑罚刚结束，灵魂的惊恐与痛苦还没完全消除，又听到地狱使者磨刀霍霍和各种刑具相互碰撞之声，看到地狱使者狰狞的面

戴着凶恶猪形象的地狱使者，从锋利的小刀到斧头，将各种利器磨出锋刃。这里的灵魂在承受着被捆绑在木柱上，肢体被千刀万剐的残忍的刑罚。受刑者眼望举着利刀渐渐逼近自己的地狱使者惊恐万分。

未得救且已过青春期的人在下阴间受何种刑罚？

孔，心里更加惧怕。设身处地思想那些灵魂受如此永无止境的折磨，何其苦哉！

世人受短暂的拷打，就会吓得脸色发白，何况看到面目可憎的地狱使者拿着各种刑具，一步步逼近自己呢！再说，用刀切割皮肉、用锥子扎眼睛的刑罚，不只进行一次而已，而是不断反复、永无终止地施行下去，那种痛苦实在是常人无法承受的。

那些被监禁在下阴间的灵魂清楚知道，在进行白色大宝座审判之前，他们将不断地受那种刑罚，所以内心更加懊悔。

(2) 往体内打入空气，而后使之爆裂

凡有良知的人，即使伤害到厌恶的人，还是会感到内疚，或许还有恻隐之心。但丧尽天良的人，不但不会同情对方的处境，反而为达自己的目的不择手段，极尽作恶之能事。

● 如同人体实验一样，受残暴、狠毒的待遇

第二次世界大战期间，纳粹德国、日本、意大利等国在秘密设置的实验室里，把活人当成了白老鼠，进行各种活体实验。例如：在健康人体内移植癌细胞或感染病菌，观察能存活多久，会出现什么症状；剖开腹腔和胸腔，检视里面的器官；揭开脑壳，研究里面的结构；将人急速冷冻或浸泡在水里面慢慢升温，查验人的抗冷、抗热能力。实验结束后，就任凭此人在痛苦中渐渐死去，一点也不尊重生命。

被当作实验对象的俘虏，清楚知道自己身体任人宰割，但毫无反抗的能力，只能无奈地承受，处境何等悲惨啊！

比此境况更加悲惨的，莫过于在地狱下阴间里接受刑罚的灵魂。他们丧失了按神形像所造之人应有的尊严和价值，而受如阶下囚般残酷的对待。

地狱使者毫无怜悯之心，施以种种刑罚毫不留情，也绝不会说"到此为止"。

● 往体内充气，使灵魂皮开肉绽

地狱使者把灵魂当作玩物，甚至当球来戏耍。往灵魂的体内充气，如球一样膨胀起来后，用脚踢来踢去。

人体膨胀后，肺和其它内脏也膨胀，包裹内脏的肋骨与脊椎骨断裂，皮肤也会绷到最紧。地狱使者把这样的灵魂滚动着玩弄，玩腻了，就用扎枪刺破肚皮。

霎时，充气的灵魂躯体如同气球爆破，血肉四处飞溅。但过不多久，灵魂的躯体又会恢复原状，刑罚又会再度展开。

那些灵魂在人世间，或多或少都能得到别人的爱，在社会上也有相当的地位和权势，并享有人权的保障。然而到了这里，丧失了所有的权利与尊严，成为连石子也不如的东西。

传道书十二章13-14节说："这些事都已听见了。总意就是敬畏神，谨守他的诫命，这是人所当尽的本分。因为人所做的事，连一切隐藏的事，无论是善是恶，神都必审问。"

正如这段经文所讲，那些灵魂是经过神的审判被打入地狱，成为地狱使者的玩物。所以，若不谨守敬畏神，遵行神的旨意，就会丧失一个灵魂应有的价值，而被打入地狱的下阴间，遭受各样残酷的刑罚。

不想进入地狱就应敬畏神、遵守神的旨意

要不想进入地狱就应该敬畏神，遵行神的旨意。对敬畏神、遵行神旨意的人来说，最首要的是遵守信仰生活最基本的"圣守主日"和"十一奉献"。

"圣守主日"是承认神对属灵世界的主权，即承认神是属灵世界的主宰，圣守主日是神国百姓的印记。若不守主日，光嘴上说信神，其后果终会成为撒但的俘虏。

"十一奉献"是承认神在物质上的主权，即相信眼睛所看到的天下万物均属神所有。玛拉基书三章9节记载，以色列百姓因盗取了奉献给神的供物，而被神的诅咒。

神创造了宇宙万物和人类，生命和工作的能力都是神赐予的。全知全能的神赐下阳光雨露，并保守我们的家庭和工作岗位，我们才能有收入，所有的收入本都属神，但神只要求献出其中的十分之一，而且祂应许将更丰富地祝福我们。

神应许我们献上完整的十分之一和供物时，会为我们敞开天上的窗户，倾福与我们，甚至赐下无处可容的祝福。但因为不能相信这祝福的话语，所以不能献上十分之一的大有人在。

信心第三阶段或应该达到信心第三阶段的人知道真理（请参考李载禄博士在《信心的大小》一书中对信心阶段的讲解），但不完整的献上十一奉献和供物，就是没有信心的凭证，因此无法得救。这等于把属神的东西偷盗占为已有，因而只能被打入地狱。

所以，要全心全意遵行圣经六十六卷书中记载的神的话语，努力做到不被打入地狱。

5. 犹太巡抚 '彼拉多' 受何种刑罚？

耶稣时代，犹太巡抚彼拉多在地狱的下阴间受第三阶段的刑罚——挨鞭子抽打。而他为何会受这样的刑罚呢？

因为他明知耶稣的良善，却让祂遭受十字架之刑。

彼拉多有治理的权利，若要处死耶稣，必须得到他的批准。身为巡抚，为了成功统治犹太地，他在各处安排了许多密探。透过他们，不仅得知耶稣显示的各种神迹奇事和宣教的内容，还了解到耶稣为人良善，既传播爱心、治愈疾病，又行各样善事。彼拉多心里十分清楚，耶稣是个好人。

另一方面，彼拉多也知道犹太人是出于嫉妒心想杀耶稣，他本想尽力救耶稣，但怕会引起犹太人的叛乱，因而昧着良心把耶稣推向十字架。在这关键时刻，他考虑的是：管辖之地一旦发生百姓暴动，皇帝就会追究他的责任，甚至性命难保。

彼拉多为了自保，把耶稣送上十字架，因此被打入了地狱。耶稣在钉十字架前，曾遭士兵的鞭打；同样地，彼拉多在地狱也要受地狱使者的鞭打。

每当有人提起彼拉多之名，他就被地狱使者用鞭子抽打一次

耶稣挨鞭打时，鞭绳的一端拴有铁疙瘩或骨头块，所以每抽一次，铁块或骨头都会刮去一块血淋淋的肉。彼拉多在下阴间也受同样的鞭刑。

在世间，每当有人提起彼拉多的名字，地狱使者就会用鞭子抽打他一次。在主日礼拜或祷告会以《使徒信经》作信仰告白时，当背诵到"在本丢彼拉多手下受难"这话的时候，彼拉多就要遭鞭打。若众人一起背诵这话，地狱使者就要以更大的力量和更快的速度猛烈抽打，连附近居所里的地狱使者也会过来参与。

经过一阵猛打，彼拉多已是体无完肤，但地狱使者仍争先恐后地继续鞭打他，直到露出白骨，甚至连骨头也被击碎，连骨髓都流出来。

犯罪的舌头被斩断，丧失说话的能力

彼拉多受残酷的刑罚，想大声呼喊："求求你们，不要再提我的名字，别再让我受这种折磨了！"但他说不出话来。因为他亲口宣布耶稣的死刑，舌头受神的咒诅而被拔掉，就算想述说痛苦，也无能为力。

值得一提的是：受地狱使者拷打时，皮肉很快就会重新长出来，但彼拉多被拔掉的舌头，却永远都不会再长出来。

由于彼拉多丧失说话的能力，连想央求别人不要再提他的名字都办不到，直到审判之日到来前，世人仍会不断提起那罪恶之名，而他只有继续受鞭打的份。

明知故犯而得报应的彼拉多

彼拉多把耶稣交给人钉在十字架上时，在众人面前洗手说："流这义人的血，罪不在我，你们承当吧！"（马太福音二十七章24节）这时，那些犹太人为了急于把耶稣处死，回答道："他的血归到我们和我们的子孙身上。"（25节）结果，在公元七十年，罗马的提多将军攻陷耶路撒冷时，许多犹太人被杀。幸存者中，还有许多人逃往世界各地，直到一九四八年以色列复国为止，经历了极大的磨难。第二次世界大战期间，在德国纳粹的统治区内，很多犹太人光着身子被毒气毒死，直到今日，中东地区仍有许多国家把以色列当作敌国，视犹太人为仇敌。

犹太人遭到如此惨痛的报应，并没有使彼拉多的罪恶减轻。他曾有许多次机会可以不犯罪，但他却放弃了。他的妻子在梦中曾得到神的告诫，不让彼拉多参与杀害耶稣的阴谋，可惜他未接受妻子的劝告，还是判了耶稣死刑。

在现今的世代并不难看到，有好多人是明知故犯。如故意诬陷他人、作假见证、伙同恶人杀害好人，或让好人遭受痛苦的卑鄙之徒，都跟彼拉多同样的下场，受第三阶段刑罚。各人的言行，或善或恶，神都予以公正的判定。

彼拉多洗手时说的话，是有意把自己的罪推到犹太人身上。像他这种想把罪责转嫁他人的行为，在现实的生活中比比皆是。但不管理由为何，自己所犯的罪是推脱不了的。

因人有自由意志，行善行恶由自己选择，但其后果也是自己承担。不论是谁，按自己的意志可以信主，也可以不信；圣守主日或不守主日，遵行十一奉献，或不遵行十一奉献，但其结果却迥然不同，要么进天国享福，要么入地狱受刑。

不管结果如何，都是自己决定的。不能说："离开教会是因父母逼迫"，"因丈夫反对，才没有守主日，也不能遵行十一奉献"。如此将责任推卸给别人，神是无法认同的。若真对主耶稣有信心，就当排除万难，尊主为大。

只因说一句罪恶的话，彼拉多就被打入地狱，永无止境地受鞭刑。现在不论怎么后悔，都为时已晚，已永远丧失了被赦罪的机会。但对于还活在世上的人来说，因神的宽容大爱，还有进入天国的机会，所以当诚心相信神、敬畏神，不要违背神的旨意。

以赛亚书五十五章6-7节说："当趁耶和华可寻找的时候寻找他，相近的时候求告他。恶人当离弃自己的道路，不义的人当除掉自己的意念，归向耶和华，耶和华就必怜恤他；当归向我们的神，因为神必广行赦免。"

慈爱的父神不愿一人沉沦，乃愿万人得救，因而如此详细地显明地狱的情况，盼望更多的人能领受神的爱。

奉劝各位当及早相信神、传福音，更要离弃罪恶，过圣洁的生活，做好新妇装扮，坦然迎接主的到来。

6. 以色列第一任国王"扫罗"受何种刑罚？

耶利米书二十九章11节："耶和华说：我知道我向你们所怀的意念，是赐平安的意念，不是降灾祸的意念，要叫你们末后有指望。"因犹太人在神面前犯罪，这段话预言他们会被掳到巴比伦过俘虏的生活，但那时神仍饶恕他们。

同样的道理，神透过我叙述有关地狱的情况。不是为咒诅那尚未信神或犯罪的人，而是拯救那些将带着罪名沦为撒但奴隶的灵魂，把他们从黑暗中释放出来，免得将来被打入地狱。

所以，知道有关地狱的情况，不是要造成精神上的负担，当从中体会、明白神的慈爱。至于仍未信耶稣基督的，应及早接受耶稣基督作自己生命的救主；嘴上说信，但未付诸实际行动的，更应当尽早悔改。对那些尚未蒙救恩的灵魂，我们应当用爱心为他们灵魂得救而祷告，这时大家心里会常有所赐的平安，充满天国的盼望。

下面详述，以色列的第一任国王"扫罗"所受的刑罚。

不顺服神，且始终不肯悔改的扫罗王

登基前的扫罗王，在神面前表现得较为谦虚，但是登上王位后

却目空一切，不把神放在眼里，与神渐行渐远，以致最后神离弃他。

因犯罪受神惩戒时，不可狡辩和隐瞒，应老老实实地承认罪行，并确实悔改，如此才能得到神的宽恕。

扫罗却不然，在神面前狡辩、隐瞒，推卸责任。尤其扫罗见神与大卫同在，就更视大卫为仇敌，设法要害他。甚至帮助大卫的祭司长也敢杀（参考撒母耳记上二十二章18节），明目张胆地与神作对。

尽管扫罗如此违背神的旨意，不断行恶，但神并未立即除掉他。当他一再用计要杀大卫时，神也未予以制止。神透过此磨练，使大卫成为大器皿，另一方面也给扫罗时间，盼望他能悔改。

若一犯罪就被神处死的话，那么能存活的人恐怕不多。神对人总是一再容忍和饶恕，对那些始终不知悔改的人，最后只有撒弃。

扫罗不理会神的爱，一心追求个人的私欲，最后在战场上被箭射中之后，以自杀结束了自己的生命（参考撒母耳记上三十一章3-4节）。

被叉子穿透腹腔，身子吊在空中

对傲慢的扫罗，施予何种的刑罚？

他被叉子穿透腹腔，身子吊在空中。那是一种多齿的叉子，有的齿锋像刀片，有的齿锋像利刺。

被吊在空中已经够难受了，何况被叉子穿透腹腔吊在空中呢？身体下坠的力量，使伤口撕扯得更加疼痛，伤口扩大，腹腔里面的肠子都露出来。这时，地狱使者用力扭动叉子，把腹腔和胸腔里面的肠、胃、心、肝、肺等五脏搅得乱七八糟，其痛苦实在无法形容。

折磨一旦停止，各种被破坏的器官又会重新长出来。不一会儿，地狱使者便又重新开始搅动叉子。扫罗每当受此痛苦时，就会对自己在世间丧失多次悔改的机会，后悔莫及。

"为什么我当时没有顺服神？
偏要与神作对？
儿子约拿单流泪劝我，也不听，
若不是三番五次地对大卫行恶，
也许还能受到较轻的刑罚……"

虽然后悔万分，但已落入地狱，扫罗这些想法已毫无意义，只能一次次忍受被叉子刺透腹腔的痛苦。

他可怜兮兮地向地狱使者哀求着："请饶了我吧，不要再折磨我了。"地狱使者看他那惶恐不安的样子，满足地狞笑着，却毫不留情地又开始搅动叉子。

败坏之先人心骄傲，应以扫罗为鉴！

现今的世代，像扫罗王的人很多。起初领受圣灵，被圣灵充满，积极地服事神，日子一久却变得骄傲自满，不顺服神的旨意。以往，既谦卑又尽心尽力服侍神的仆人和教会的同工，一旦职位提升，神的话语懂得多了，就滋生傲慢，随意论断人，定他人的罪。

起初的爱心冷淡了，不再把盼望放在天国，反而开始怀念已往的生活，在教会里喜欢受别人的服事；受物欲的驱使，追求各种属情欲的东西，甚至走向犯罪之路。

当生活贫困的时候，向神祷告："神啊，请赐予物质上的祝福吧！"行动上也能顺从神的旨意，一旦如愿以偿，却不是把得到的物质用在救济和宣教事工上，而是为满足个人的欲望而挥霍。圣灵有时叹息，有时给予惩戒。然而，他却习以为常，不受谴责，无法分辨神的旨意，只想追求个人利益。

有人出于嫉妒，毁谤和诬陷深受圣徒爱戴的主仆，甚至在教会结党纷争。这种不知天高地厚的人，竟敢与神作对，结果成了撒但的俘虏，最终落入地狱，将受同扫罗一样的刑罚。

傲慢必惩、谦虚必赏的神

彼得前书五章5节后半节说："神阻挡骄傲的人，赐恩给谦卑的人。"骄傲的人一边听真理的话语，一边却对人论断和定罪，在聆听的过程中，符合自己想法的就说"阿们"，不符时就不接受。神的意念高过人的意念，若只接受符合自己想法的话语，怎么能说是信神、爱神呢？

约翰一书二章15节说："不要爱世界和世界上的事。人若爱世界，爱父的心就不在他里面了。"正如这段经文所讲，心中对神没有爱，与神就没有任何关系。同样地，我们若仍在黑暗里行，却说与神相交，这就是说谎话，不行真理了（参考约翰一书一章6节）。

我们应当常常省察自己是否萌生让别人服事的心、高傲的心，爱世界的心，谨慎自守，警醒度日。并要战兢恐惧作成得救的功夫，顺从神的话语，行在光明中，或吃或喝无论做什么都为荣耀神而行，坚固信心，持定救恩。

7. 被钉在十字架上受第四阶段刑罚的加略人犹大

接下来说明在下阴间中最残酷的第四层刑罚，及受这种刑罚的灵魂犯了何等严重的罪。

犯有不得赦免之罪，就要受第四阶段刑罚

圣经中记载人犯罪以后，有悔改得赦免的，也有不得赦免的至于死的罪（参考马太福音十二章31-32节；希伯来书六章4-6节，十章26-27节；约翰一书五章16节）。

亵渎圣灵、干犯圣灵，明知真理却仍犯罪，诸如此类的罪行均属于不得赦免的罪。犯这类罪的灵魂，要被打入地狱下阴间中最深的居所。

有些人身患疾病或在患难之中，但因神的怜悯和恩典，病得医治，难题得解决，因此内心深受感动，愿更加爱神、服事神。岂知渐渐受了诱惑，与神疏离，最后离开神，反而比认识神之前更追求情欲，甚至污蔑教会，诽谤神的仆人和圣徒。虽然宣称自己信神，

但看到彰显圣灵大能的教会时，因无法理解而产生反感，就诬蔑为"撒但作怪"、"属于异端"等！

如此悖逆神的人，得不到悔改之灵，故无法悔改。当其结束世间的生活后，此等人比不信神的人罪更重，将在下阴间的最深处受最残酷的刑罚。

彼得后书二章20-21节说："倘若他们因认识主——救主耶稣基督，得以脱离世上的污秽，后来又在其中被缠住、制伏，他们末后的景况就比先前更不好了。他们晓得义路，竟背弃了传给他们的圣命，倒不如不晓得为妙。"照此经文所说，因为他们得知真道之后，故意犯罪，死后要比不认识神的人受更大的痛苦。

良心麻木的人得不到悔改之灵

在下阴间受第四阶段刑罚的人，因犯了不可赦免的罪，其良心已麻木不仁，完全成了魔鬼的奴仆，与神作对、干犯并亵渎圣灵，与那亲手将耶稣钉在十字架上的罪同等。

耶稣为了赎出人类脱离咒诅和刑罚，被钉在十字架，流了宝血，但这类人因犯了不得赦免的重罪，受了咒诅，各人要被钉在十字架上接受刑罚。

其代表性的人物就是叛逆者的代名词——卖耶稣的加略人犹大。他不仅亲眼看过道成肉身的神子，并成为祂的门徒，学习神的道，亲眼见过耶稣所行的神迹和奇事，但最终却因没有离弃心中的贪婪和罪恶，受撒但的诱惑与驱使，把自己的恩师耶稣，以银子三十两卖给了犹太人。

无论怎样懊悔也得不到赦罪的犹大

宣布耶稣钉十字架之刑的彼拉多和卖耶稣的犹大，两人谁的罪过比较重呢？约翰福音十九章11节里，耶稣对彼拉多说过一句话："若不是从上头赐给你的，你就毫无权柄办我。所以，把我交给你的那人，罪更重了。"

如耶稣所讲，犹大所犯的是不可赦免的大罪，所以神没有赐他悔改的灵。后来，犹大懊悔不已，便把那笔赏钱归还了原主，但他仍得不到悔改的灵。

犹大因无法承受其滔天大罪的重负，痛苦绝望至极，最终自缢而死。使徒行传一章18节描述他死后，尸体仆倒在地，肚腹崩裂，肠子都流了出来。

被钉在十字架上流血、枪扎、受讥笑

加略人犹大在地狱下阴间的最深处，被钉在最前头十字架上流着血，其它十字架则钉着与神为敌、罪大恶极的灵魂。那阴森可怕的情景，让人不禁联想起战后的公墓，和悬挂着牲畜的屠宰场。

十字架之刑在世间也属于最残酷的刑罚之一。这刑罚的目的在于让人们看到惨状后，避免犯罪。把人钉在十字架上，在比死更大的痛苦中挂上数小时，伤口渐渐撕裂的痛苦、各种昆虫叮咬伤口的痛苦、全身血和水渐渐流尽的痛苦……因此钉在十字架上的人都巴不得早点死去。

在世间十字架之刑，几小时之后，犯人一旦死去，刑罚就结束了。但在下阴间，没有死亡，直到大审判前，一直要受这种痛苦。

加略人犹大同其他的灵魂有所不同，他头上戴着用荆棘编成的冠冕，这种荆棘的刺是活的，会不断地往脑袋里钻，穿破皮肤，进入脑壳里，刺破脑髓。

不仅如此，钉犹大的十字架下面，还有一群东西在蠕动，仔细看，原来是被打入地狱的另一群灵魂。他们在世间的时候，也都是与神为敌、良心败坏、罪大恶极之徒，落入地狱后，遭严刑拷打，面目全非，随着拷打强度的加大，他们就更加发恶，一边咒骂犹大，一边用枪乱刺犹大。

地狱使者则袖手旁观，不时地发出讥笑之语："他就是那个卖主求荣的家伙啊！他帮了我们大忙，干的真好啊，真好笑！"

因出卖神的儿子，罪恶感非常深重

加略人犹大不仅在地狱的下阴间惨遭酷刑，而且同受难以忍受的精神上的痛苦，因为他永远记住自己是出卖神子而受神咒诅的人。尤其世上的人们一提到叛逆者，就想起犹大，这便使犹大更加痛苦。

耶稣早已知道犹大会背叛自己，也知规劝和引导都无济于事，所以在马可福音十四章21节说："人子必要去世，正如经上指着他所写的，但卖人子的人有祸了！那人不生在世上倒好。"

在地狱的刑罚中，纵使最轻的第一阶段刑罚也很残酷，更何况第四阶段刑罚，所以主说像犹大这样的人不出生倒好。但对于得到救赎，能够进入天国的人而言，诞生是神赐予的祝福，永远值得感激，在世间透过神的耕作，懂得神的爱，而后进入荣耀的天国，永享福乐，这是多么大的福分啊！

以上具体地叙述了未能得救的灵魂，在地狱的下阴间里受的刑罚，大体分成四种类型，不论哪种类型，都是残酷而可怕的。

彼得后书二章9-10节说："主知道搭救敬虔的人脱离试探，把不义的人留在刑罚之下，等候审判的日子。那些随肉身、纵污秽的情欲、轻慢主治之人的，更是如此。他们胆大任性，毁谤在尊位的也不知惧怕。"所以，不畏惧神的，毁谤教会的，抵制神作工的，即使受了磨难，也得不到神的救赎，直到进行白色大宝座审判前，都要被监禁在下阴间里继续受酷刑。

只要有虔诚的信心，不论在任何情况下都能顺从神，即使遇到大洪水，即将毁灭之际，信心仍坚定不移，必能像挪亚一家般蒙神拯救。

因此，当更深体会明白神的爱和恩典，更加迫切地祷告，努力传扬福音，并为了时刻将荣耀归于神而竭尽全力。

愿我们都能像挪亚一样敬畏神，全然顺从神的旨意，实现神的计划，成为神真正的子女。

第六章

亵渎圣灵的人在下阴间
受何种刑罚?

1. 共犯依序被投入烧热滚烫的火缸里，遭地狱使者践踏

2. 攀登高不可测的90度峭壁，全身被虫叮咬

3. 用烧红的烙铁烫口，身子塞入玻璃管里拧绞成麻花状

4. 模样仿佛地狱使者的机器人，
用尖利的指甲掐住脖子，用力拧头

5. 主犯被绑在木柱上，施加精神上的痛苦，
并将追随者们的头吊在天棚，任其用尖牙利齿撕咬全身

凡说话干犯人子的，还可得赦免；
惟独亵渎圣灵的，总不得赦免。

路加福音十二章10节

论到那些已经蒙了光照、尝过天恩的滋味，
又于圣灵有分， 并尝过神善道的滋味，
觉悟来世权能的人，若是离弃道理，
就不能叫他们从新懊悔了。
因为他们把神的儿子重钉十字架，
明明地羞辱他。

希伯来书六章4-6节

马太福音十二章31-32节记载："所以我告诉你们：人一切的罪和亵渎的话，都可得赦免；惟独亵渎圣灵，总不得赦免。凡说话干犯人子的，还可得赦免；惟独说话干犯圣灵的，今世、来世总不得赦免。"这节经文是针对在耶稣传福音和显现大能时，却遭犹太人污蔑是靠着鬼王别西卜而说的。

现今社会，有些人宣称信神，看到大大彰显圣灵作工的教会，却仅以不理解为由，带着反感说其为"撒但的作工"，或者定为异端。然而，除非圣灵的作工，就无法彰显超人的权能，扩张神的国度。

抵挡圣灵的工作，就等于与神作对，神不会承认这是蒙救赎的儿女。明明看见因神同工而彰显的神迹奇事，却仍定为异端，污蔑为魔鬼的作为，这就是亵渎圣灵，这等人，最终只能落入地狱。

无论是谁，只要他承认三位一体的神，相信并教导圣经是真神言语、有天国和地狱、有审判、神是万有的主宰、耶稣是我们的救主，就不能定他为异端。

本教会自一九八二年开拓以来，透过圣灵的作工以及神话语的权能，拯救了无数的灵魂。然而这群被拯救的灵魂中，却有人在经历神的大能后，毁谤教会、敌对神。对于这些亵渎圣灵的人，神清楚说明了他们在地狱的下阴间将受的刑罚。

1. 共犯依序被投入烧热滚烫的火缸里，遭地狱使者践踏

"悔不当初与他结为夫妻！
否则怎会来到这种地方？
都是他使我受迷惑……"

这是在地狱下阴间受第四阶段刑罚的一对夫妻中，妻子哭诉的话。因受丈夫迷惑，才与神为敌，落到了这般地步，怨恨之声回荡在地狱灰暗的上空。虽然这女人心也是恶，但起初对神还有畏惧之心，所以不敢自己与神作对，最终敌不过肉体之情，受丈夫的迷惑，同丈夫一起亵渎神。

俩夫妻一起作恶，最终一起被打入下阴间，按照罪的工价，永受酷刑。他们在下阴间所受的是何种刑罚？

被投入滚烫的火缸里受折磨

缸里装有一种发臭的液体，火热的液体开始沸腾，这时，地狱使者把被监禁的其中一个灵魂投入缸里。当灵魂投入缸里时，顷刻间，这灵魂的皮肤被烫得如癞蛤蟆皮一样浑身起泡，眼珠子也冒出来，其痛苦言语无法形容。

为了摆脱痛苦，灵魂挣扎着把头伸出缸口，此时就会有一只巨大的脚狠狠地踩踏。那是地狱使者的脚，脚上的鞋底镶嵌着密密

麻麻的长钉，用力一踩，便使其头部血肉模糊，那灵魂只好把头缩回缸里。但因烫得难受，再把头探出缸口，同样的，又受地狱使者无情的踩躏。

那里的灵魂都要轮番遭受刑罚。因而，当丈夫受刑时，妻子在旁观看；当妻子受刑时，丈夫在旁观看。

缸是透明的，当一个灵魂在里面受刑时，痛苦挣扎的模样，在旁的灵魂都能看得一清二楚。起初施行时，因夫妻间还有旧情，当其中一人受刑时，另一人便会向地狱使者哀求：

"缸里是我妻子，把她放出来吧！
别再折磨她，别再踩躏她了，
求你们放了她吧……"

然而，过了不久，这种哀求声再也听不到了。因缸里的灵魂被放出来后，接着轮到自己被投入缸里受刑。

后悔结为夫妻，互相埋怨和咒诅

世间夫妻到了天国不再是夫妻，但在地狱的下阴间，仍以夫妻关系一同受刑。等灵魂们弄清楚受刑的规则后，再也不会为他人向地狱使者求饶了，反倒希望对方受刑的时间更长些。

"别让他（她）出来，

地狱使者就像看一场有趣的电影一样，津津有味地观看人在火缸里受折磨的情形，随后为了助兴，将缸底的火力加大。夫妻轮流被扔进火缸受刑，他们互相咒诅谩骂，并为能够哪怕暂时摆脱痛苦而央求地狱使者使对方多呆在火缸中。

让他（她）多待一会儿吧！

我想多歇一会儿，别让他（她）出来！"

希望对方受刑的时间更长些，不外是为拖延自己受刑的时间。但终究还是要轮到自己，因此并不能减少痛苦，反而造成彼此间的咒诅与怨恨。

当痛苦时，就想极力转嫁到对方身上，这种自私、丑陋的爱情就是世间和地狱里的夫妻之情。

地狱里，跟随丈夫与神作对的妻子，若说"我受这种痛苦，都是你害的"时，丈夫就会用更高亢的嗓门指责妻子说："我会落到这种地步，还不都是因你这做妻子的，没有制止我的恶行！"

夫妻反目成仇，地狱使者拍手称快

"他们来到这里还在互相谩骂，

那个样子真是太有趣了！"

就像看戏般，地狱使者一边看着夫妻彼此怨恨，一边不时地把缸底的火烧得更旺。缸里的灵魂被烫得愈难受，吵骂声就越厉害，地狱使者也越发兴奋。

因而可知，在世间也是如此。当人们行恶时，邪灵就会得意不已，行恶之人与神的距离也就越远了。

以善胜恶

若是遇苦难就向世俗妥协，或怨天尤人，发泄不满的情绪，仇敌魔鬼就会趁机而入，使试探患难越发加重。凡一切的恶事和没信心的表现都会受到撒但的控告，以致得不到神的帮助。

真正了解灵界法则的智慧人，不论任何情况都不会口出怨言，始终以感恩的心和信心的告白，证明自己的真信心。

因此，对待冒犯自己的人，不要心怀怨恨或进行对抗，而应照着神的话语："你不可为恶所胜，反要以善胜恶。"（罗马书十二章21节）只管行善，将一切交托给神。

这样，一心向善，在光明中行，这本身就成为战胜魔鬼撒但的属灵的权柄和能力，使得魔鬼撒但无可控告，便能迅速胜过试探患难。因为神喜悦人出于信心的善行。

因此希望大家无论在任何状况中，也不要随从撒但的引诱而犯罪作恶，显出自己没有信心，自取痛苦，只要凡事思想真理，讨神的喜悦，单单凭信心行事。

2. 攀登高不可测的90度峭壁，全身被虫叮咬

教会里无论是主的仆人、长老、执事等领导人，若不做内心的割礼，继续犯罪，早晚都要成为撒但的食物。因迷恋世俗，受诱惑而离开神，甚至与神作对，污蔑教会，成为撒但的俘虏而走向灭亡之路的大有人在。

一人行恶，全家背离神

下面是在世时曾担任教会领导人的实例。

此人不做内心的割礼，顺着满心的怒气和私欲，对圣徒们发恶，挥动权柄，给周围的带来痛苦等，继续犯罪。如此一来，受神的管教，父亲身患重病，生命垂危，他的家人流着眼泪向神哀求，求神挽救父亲的生命。

神接受他们的悔改祷告，挽救了这父亲的生命。可是就在此时，神对我说："若现在把这父亲的灵魂召去，他还勉强能得救，若让他继续存活，最后连得救的机会也得不到。"

当时我还不大能理解其中含义，不久，看到那个家庭接二连三发生的事，便清楚理解那番话的含义了。那人违背良心做假见证、诽谤神的国，做出了种种违逆神旨意的事，他的家人也受迷惑，与他一起作恶，于是全家都离开了神。

不多时，父亲也过世了。如果当初他还有信仰时死去，勉强还能得救，可是生命被挽回后，因出卖了信仰而死去，他的灵魂就无法得到救赎了。他的家人死后也要依据所犯的罪付出代价，被打入地狱的下阴间，与先死的父亲同受刑罚。

不停地攀登高不可测的90度悬崖

在他们受刑之地，有一高不见尽头的90度悬崖，回荡着如同鬼叫的凄厉的哭号声，在散发着刺鼻血腥味的悬崖的半腰上，三个灵魂攀附在峭壁上吃力地爬着，身上已是遍体鳞伤，血肉模糊，如此拼命地往上爬，是因在不远处，有飞着追逼他们的地狱使者。

地狱使者一旦举起手来，如同从喷雾器里喷洒出来的水雾，虫子黑压压地遍满地面，这些虫子露出尖牙利齿，由地上迅速地顺着峭壁向上爬来。

真难想象，若有数百万只指头大小的蜈蚣、毒蜘蛛、蟑螂等虫子，黑压压地爬满了家里的地板，而且发出蟋蟋嚓嚓的怪声，甚至顺着双腿爬满全身。而在下阴间里，却不是数百只，也不是数千数万只，而是不计其数的虫子为了啃噬它们的食物——峭壁上的灵魂而不断往上爬。

全身被无数只虫子啃噬

那些灵魂看到无数的虫子追来，就惊恐万分地拼命地往上爬，可是没过多久，那些虫子就爬满了他们全身。他们一个个坠落地面，无可奈何地任虫子啃咬着。

由于被咬得太难受，他们像牲畜般嚎叫，并且不停地打滚，不知如何是好，他们为了摆脱虫子的啃咬，有时儿子压到母亲身上，有时父亲踩踏着儿子，于是开始互相埋怨，互相咒骂。附近的地狱使者聚拢过来，个个露出得意的狞笑。

过了一段时间后，掌管虫子的地狱使者把手向前一伸，那些虫被它收回，一只也看不到，于是被虫子啃咬的刑罚结束。但是，他们知道这只是暂时的，过不一会儿，同样的刑罚又会重复上演，所以他们争先恐后地往上爬，想尽量爬高一点，如此或许能晚一些被虫子啃噬。

地狱使者一举手，如同从喷雾器里喷洒出来的水雾一样，虫子黑压压地落在地面，它们露出尖牙利齿，由地上迅速地顺着90度峭壁向上爬袭而来。受刑者在峭壁上拼命往上攀爬，手脚磨破，血肉模糊，然而，没过多久，那些虫子就追上他们，爬满其全身，他们一个个坠落地面。

他们在凹凸不平的峭壁上不停地往上爬，遭受其身体被磨破、撕裂的难以忍受的痛苦。他们之所以尽管其手脚、膝盖连磨带扎，鲜血直流，也要拼命往上爬，是因为对那些不知何时又爬满全身的虫子的恐惧，已压倒了这些剧痛。那满是恐惧、浑身血淋淋的样子，相当凄惨。

3. 用烧红的烙铁烫口，
　　身子塞入玻璃管里拧绞成麻花状

箴言十八章21节说："生死在舌头的权下，喜爱它的，必吃它所结的果子。"另外，马太福音十二章36-37节说："我又告诉你们：凡人所说的闲话，当审判的日子，必要句句供出来。因为要凭你的话定你为义；也要凭你的话定你有罪。"

经文明确地告诉我们，每个人都要依据自己说出的话，受审判。所以，说出的是真理良善的话，就能结出好果子；说出的是邪恶不信的话，就会结出恶的果子。若轻率地说出不该说的话，也会受难以承受的痛苦。

口出恶语，必遭报应

有人因受家庭的逼迫甚苦，就开口说，或祷告说："希望家人哪怕是遭遇大型事故也要悔改归主。"魔鬼撒但一旦听到，马上到神那里控告："就按他说的话，给他降灾吧。"因此有的人因口里所出的话遭遇事故，成为残疾，或遭遇各种患难。

因此我们不能以因着口出愚妄之言，自招患难。更令人痛惜的是：有的人因口出的话遭遇苦难时，就绊跌仆倒。而且许多人因口出恶言招致不幸，却不明白自己说错了什么，甚至连说过的话都不记得。

要切记口出非真理的话，必遭报应的事实，常常谨慎自守，凡事节制。

尽管说话的动机是好的，但说出的话语是违背真理或不属于善，就会被撒但抓住把柄，招来熬炼。

更何况人若故意用恶言和谎言污蔑主同在的教会，毁谤神所爱的仆人，其结局会如何呢？就会因其口里所结的果子，速速成为魔鬼撒但的食物，被掳下地狱，惨遭酷刑。

用极其恶毒的言语亵渎圣灵的人，会受何种刑罚呢？

口出恶言、甚为敌对圣灵的人

有一个信主很久的灵魂，曾在教会担任过各种职务，认真服侍教会，但他把最重要的内心的割礼给忽略了。表面上看是一个以爱神、牧者和羊群为至上，并圣灵充满的人。

他的家人中，有的曾患不治之症，濒临致残的边缘，经过祷告后得到治愈；有的甚至到了死亡的边缘起死回生。除外也有无数蒙神爱和祝福的见证，但他们都忽略了最重要的事——离弃心中的恶，所以当教会遭遇重大的试炼时，其家人便没能得到神的保守，受撒但的怂恿，他自己也忘恩负义，离开了自己曾经服侍过的教会。

接着他就开始亵渎并攻击教会，以传道和探访为借口，到处去毁谤教会，迷惑圣徒们。

纵然因信心软弱而离开教会，但如果对不明白的事保持沉默，直到领会为止耐心等候，还能得到蒙神怜悯和宽恕的机会。但这灵魂因不能克服心中的恶，用嘴所结的恶果实在太多，最后遭到了可怕的报应。

用烧红的烙铁烫嘴唇，身子像麻花一样被拧绞

用恶毒的话亵渎圣灵的灵魂，要受烧红烙铁烫口的刑罚。这种报应如同彼拉多，因亲口宣布耶稣的死刑，受到舌头被斩的惨痛刑罚。

接着，这个灵魂要被塞进两头各有塞子的玻璃管里。玻璃管的两侧各有一个看似铁把手的东西，两个地狱使者分别站在玻璃管的两侧，抓住把手，同时用力转动，管内的灵魂被拧得如麻花般。就像拧抹布时流出的脏水那样，那灵魂鲜血直流。先是从眼、鼻、口、耳等七窍流出，直至从全身的细胞中津液被绞尽……

拧绞人的一根手指，哪怕拧出一滴血，也要耗费巨大的能量。

然而，受刑的灵魂被拧的部分不是身上的某一处，而是从头到脚，全身都被拧绞，所有骨头和肌肉组织被拧碎，全身细胞破裂，以致绞尽血水和细胞组织的津液，受这刑罚的灵魂，痛苦无比。

玻璃管里满是受刑灵魂流出的血和水，看去好像葡萄酒一样，地狱使者继续用力转动塞子，直到挤不出血和水分为止。他们觉得差不多了之后，就停止转动，让里面的灵魂再恢复原状。

即使恢复了原状又有什么盼望呢？这样的刑罚反反复复地进行着，痛苦也是永无止尽。

那曾经四处毁谤神国的灵魂，甘心作了撒但的奴仆，因而受到嘴唇被烙、身体被拧，绞尽全身血液和津液的报应。

正如上述见证所看到的，属灵的世界是"种什么，收什么"，了解这法则，就应以良善的言行胜过邪恶，并将荣耀归于神。

4. 模样仿佛地狱使者的机器人,用尖利的指甲掐住脖子,用力拧头

再来看这个灵魂，生前曾蒙神的恩典，病得医治。从那以后，他恳切地向神祷告，为做内心的割礼而努力，所以曾听到圣灵的声音，受圣灵的主管而结果子，得到众人的称赞和爱戴，并领受了主的仆人圣职。

因傲慢而与神为敌，沦为撒但的俘虏

然而在称赞声中心里逐渐萌生了骄傲，便迷失了自我，不知不觉中自以为义，停止了内心的割礼。特别是怒气和嫉妒之心占据了他大部分的心，本应竭力将其离弃，但他却任由恶心驱使，对行义的人随意论断、定罪，不合自己的心意，就心怀恶的情绪。

当人的心意被骄傲夺回时，便会渐渐发出更大的恶，以至无法自拔，不接受别人的劝勉。恶事日积月累，便落入撒但的网罗，以

至陷入迷惑，与神为敌。

我们的救恩并非一次领受圣灵就完备。即使经历了圣灵作工，得神的恩典，担当主仆或者其他重要职任，其心灵未完全圣洁以前，绝不能停止内心的割礼。如长跑运动员一样，不管起初跑得再快，若是中途退出或摔倒，就会前功尽弃，唯有坚持到底，才能得到真正的胜利。

同样的道理，在奔跑天路的途中，不管起初跑得有多快，若在未达终点前停了下来，虽离终点只有几步而已，但天国之梦已破灭了。

要想持守坚定的信仰，就不要自以为站得稳

假如信仰如温水，也不冷也不热，同样会遭神的撇弃（参考启示录三章16节）。因此，信神的人，应当常常保持圣灵的充满，信仰火热，努力进入更好的天国，时刻都不能懈怠；若半途而废，就等于没有参加比武，得不到神的救赎。

所以，对神无限忠诚的使徒保罗曾说："我是天天冒死"（参考哥林多前书十五章31节），又曾说："我是攻克己身，叫身服我，恐怕我传福音给别人，自己被弃绝了。"（哥林多前书九章27节）

即使是在教导人的位置上，若不攻破肉体的意念、攻克己身，最终只能被神弃绝。因为魔鬼撒但就像吼叫的狮子一样，遍地寻找可吞吃的猎物。

哥林多前书十章12节说："所以，自己以为站得稳的，须要谨

慎，免得跌倒。"属灵的世界没有尽头，效法神也是无止境。如农夫春种之后，经过夏锄，到秋割，直到主再临以前，我们都要为成为灵魂兴盛的人而努力、努力、再努力！

模样仿佛地狱使者的机器人刑具，连拧带扎

自以为站立得稳，却停止内心割礼而跌倒的这个灵魂，在下阴间受何种刑罚？

外型比地狱使者高好几倍，具有堕落的天使——地狱使者模样的机器人刑具，表面像金属般发出寒光，机器人的手指上带有指甲，其长度超过普通成年人的身长。如此的庞然大物，右手抓住灵魂的脖子，左手抓住头，用力地拧，此时，机器人尖利的指甲同时扎进受刑灵魂的脑壳里。

受刑的灵魂不仅肉体上痛苦，精神上也饱受折磨。被机器人抓住脖子悬在空中挣扎时，荧屏状物在他眼前展现，重演他往日在世间的幸福时光。

起初得蒙神的恩典，被圣灵充满，以灵光焕发的面容喜乐地赞美神，为了世界宣教而努力，因而得神厚爱的情景，都一一呈现在眼前。

看到往日美好时光，加增精神上的痛苦

这一幕幕的往事犹如一把锋利的匕首刺进灵魂的心。在世时，当了全能神的仆人，曾充满对新耶路撒冷荣耀生活的盼望，如今却

沦为在地狱里受刑罚的罪犯，这一事实成为鲜明的对比，把他的精神撕得粉碎。

经过一阵刑罚之后，那灵魂用手捂着血汗淋漓的脸，晃动着满头的散发，向地狱使者苦苦哀求，却是白费唇舌。过了一会儿，机器人把那灵魂放到地上，看热闹的地狱使者围拢过来，七嘴八舌地嘲弄着他："你这种人还曾当过神的仆人啊？你只配做撒但的使徒，所以才会来到这里。"

受到此种奚落，他更加痛苦凄凉的地哀号。这时，机器人伸出右手的两个手指，捏住了灵魂的脖子，尽管拼命地挣扎，但机器人刑具毫无怜悯之心，把灵魂提起来后，用左手尖利的指甲狠狠掐住他的脑袋，并让他再次看到在世间曾有过的美好时光。如此周而复始的刑罚，将持续进行到大审判。

5. 主犯被绑在木柱上，施加精神上的痛苦，并将追随者们的头吊在天棚，任其用尖牙利齿撕咬全身

这等人有喜爱受人高举的虚荣心，注重名誉、权势、物质的欲望，虽努力完成所担负的工作，却没有发现自身的恶，因而逐渐脱离祷告的生活，停止内心的割礼。不知不觉中各种罪恶像毒蘑一样在其心里滋养生长，当教会遭遇重大的试炼时，便轻易受撒但的诱惑。

因他是教会的带领人，当他公然亵渎圣灵时，有许多人跟着一起污蔑神的国，因此其罪更重了。

地狱使者嘲弄受刑的主犯说："这就是你的贪欲之果。"语毕，与其同谋与神为敌的众追随者的头从天棚上落下来，恶狠狠地咬住那主谋的肢体。那些人头的牙齿尖锐且具有毒性，每咬一下，毒性穿透皮肉渗入骨髓，其痛苦之难忍，胜似被昆虫啃噬和兽类撕咬之痛。

被绑在木柱上受精神的折磨和讥笑

此灵魂在下阴间，不像加略人犹大受十字架之刑，而是被绑在木柱上受刑。

地狱使者将他牢牢地绑在一根木柱上，并透过画面让他回顾作主的仆人时积极、努力、服事的样子，使他知道虽曾得过神的祝福，但因没有持守到底而受刑罚，借此加深精神上的折磨。

在那灵魂头顶的上方，悬挂着好多类似黑口袋，又像果实之物。地狱使者给他看画面时，都要嘲弄着说："看吧，这就是你的欲念所结的果子！"

这时，悬挂在空中的那些黑糊糊的东西，便一个接一个叮咚地掉在他的脚下。原来这是追随他一起与神作对的人的脑袋，因那追随们也成了共犯，所以被打入地狱。在残酷的刑罚中，他们四肢被切断，脑袋也被砍下来，悬挂在天棚上。是那被绑在木柱上的灵魂，诱惑他们走向犯罪的道路，这些灵魂都是他贪婪之心所结的果子，所以，每当地狱使者嘲弄他时，挂在天棚上的那些黑口袋就像收到信号一般，立刻破裂，从里面掉出一颗颗的人头来。

在史剧中可以看到受酷刑的人，都是披头散发、满脸鲜血、嘴唇起泡、两眼睁大，那些从黑口袋里掉下的脑袋就是这副模样。

追随者们的头扑在主犯身上乱咬

当一颗凄惨模样的脑袋从天棚上掉下来，先咬住主犯的腿不放，接着地狱使者又给那受刑的主犯灵魂看另一个画面，并加上一句："这就是你的贪欲之果。"语毕，又从挂在天棚上的一个黑口袋里掉出一颗人头，这次恶狠狠地咬住那个灵魂的胳膊不放。

按这种方式，地狱使者每说一句话，就从天棚上掉下一颗人头咬住那灵魂身体的某一部位，过不一会儿，如树上结满果子一样，在那灵魂身上附满了人头。那些人头疯狂地乱咬，把那灵魂咬得痛苦不堪。

那些人头的牙齿尖锐且具有毒性，每咬一下，毒性穿透皮肉渗入骨髓，被咬的地方皮肤发青，皮肉变硬，这比昆虫啃咬和兽类撕扯的痛苦还要难受百倍。

那些乱咬主犯的灵魂，因生前受了主犯的诱惑而与神敌对，因此非常怨恨，无情地乱咬，是为了报复。

而那灵魂也清楚知道，因他的贪婪之心，才会被绑在木柱上，让追随者们乱咬。但到了这地步，他仍无痛悔之心，反而埋怨神，咒诅那些咬他的灵魂。他越是痛苦，这种埋怨和诅咒就越强烈。

绝不能犯下无法赦免的罪

以上说明了与神敌对的人被打入下阴间后，所受的四种刑罚。他们都曾是教会带领人，所以被打入地狱后必须受更为残酷的刑罚。

值得一提的是，被打入地狱里受刑罚的灵魂中，有不少曾是为神国效力的人。

这些灵魂受如此残酷的刑罚，其原因是他们除了犯了亵渎圣灵的罪以外，还离弃了神所交付的使命。

我们应当汲取这个教训：无论任何情况，都不能随意离弃神所交付的使命。耶稣用银子的比喻，揭示此道理（参考马太福音二十五章19-30节）。

有一人要到外地去办事，临走时把手下的三个人叫到跟前，把家业交给他们，按他们各自的能力，给他们银子。一个给五千、一个给二千、一个给一千。领到五千的，用那笔钱做买卖，又赚了五千；领到二千的，也照样另赚了二千；但是那个领到一千的，却把主人给的钱埋在地里。过了许久，主人回来了，跟他们算账。领五千银子和二千银子的仆人，交给主人比原来多一倍的钱，得到了主人的夸奖。可是那领一千银子的仆人，因为没有赚到一分钱，被主人当作废物赶出家门。

在这里，银子象征神的使命，这说明没有做好神所托付的使命，会遭神的弃绝。察看一下周围，随意离弃自己使命的人并不少，到了大审判之时，凡是任意放弃神赋予使命的，都难逃其责。

离弃假冒伪善，行内心的割礼才能免遭审判

耶稣责备只注重外表的法利赛人和文士，强调了内心割礼的重要性。那些法利赛人和文士表面上看信神，也按着律法过信仰生活，但内心却充满了恶，耶稣把他们比作粉饰的坟墓："你们这假冒为善的文士和法利赛人有祸了！因为你们好像粉饰的坟墓，外面好看，里面却装满了死人的骨头和一切的污秽。你们也是如此，在人前、外面显出公义来，里面却装满了假善和不法的事。"（马太

福音二十三章27-28节）

　　同样地，不管外表打扮多艳丽，若是内心充满嫉妒、厌恶、骄傲，仍是毫无价值的。神最喜悦的是我们作心里的割礼，弃罪成圣。

　　我们相信神，传道、探访、服事等工作固然重要，但更重要的是爱神，行在光明之中，效法神的心。因神是光、是完全的、是圣洁的，我们当像神一样完全、圣洁，才能蒙神的喜悦。不然的话，纵然热衷于使命，也不能得神的喜悦，因为它不是出于诚心和充足的信心，所以随时都有变质的可能性。然而，竭力成圣、成完全、作心里的割礼的人，他的忠诚是真实的，所以成为馨香，蒙神悦纳。

　　不是学习许多神真理的知识，就可以成圣，关键是要用真实的心作出决断。因此，在信心不断增长的同时，当要清楚知道地狱的存在，更加警醒，追求圣洁，当主降临的号筒吹响的时候，能够领先投入主的怀抱。

　　有关地狱的话语，都是父神亲自启示，没有任何的虚假。因地狱的刑罚过于残酷，无法全部叙述，只能诉说其中一部分。

　　当特别留意在落入地狱的灵魂中，有不少曾是相信神，并且努力事奉神的人。所以属神的儿女，当不停止祷告，做内心的割礼，免得受撒但的迷惑，与神为敌，落入地狱。

　　奉主耶稣基督的圣名祝福各位，知道地狱是何等的可怕，当恳切祷告，使自己能真正得救，并要努力传福音，拯救失丧的灵魂，免得他们落入地狱之中。

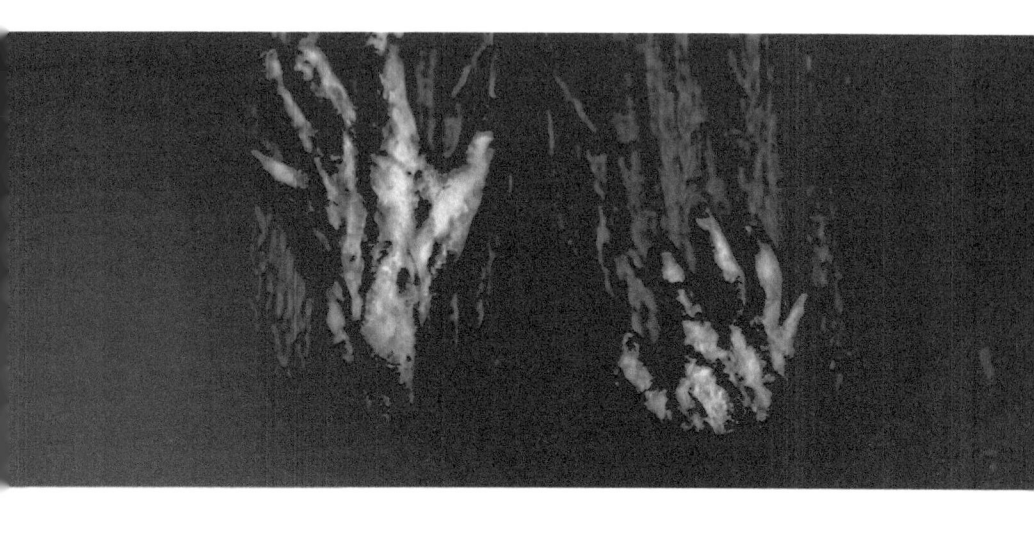

第七章

主耶稣再临后，落入七年大灾难的人如何得救？

这天国的福音要传遍天下，

对万民作见证，然后末期才来到。

马太福音二十四章14节

又有第三位天使接着他们，大声说："若有人拜兽和兽像，

在额上或在手上受了印记，这人也必喝神大怒的酒，

此酒斟在神忿怒的杯中纯一不杂。他要在圣天使和羔羊面前，

在火与硫磺之中受痛苦。他受痛苦的烟往上冒，

直到永永远远。那些拜兽和兽像，受他名之印记的，

昼夜不得安宁。

启示录十四章9-11节

从现今世代所发生的种种事件，再验证圣经中的话语，可以嗅出主所说的"人子再来"的日子，真的已不远了。

近几年在各处发生的天灾人祸，诸如美国九一一事件、大地震和洪水泛滥等等频频出现；范围广大的山林火灾和强烈的台风、海啸等灾害，已使许多国家和地区蒙受巨大的财物损失与人员伤亡。

在非洲和亚洲等地，大干旱使数百万人忍饥挨饿，在死亡边缘挣扎。地球臭氧层的破坏和温室效应，使全球气候变得格外异常，带来了很大的灾害。

不仅如此，骇人听闻的恐怖事件层出不穷：世界各地，国与国、民与民之间，冲突与战争接连不断；在道德方面，败坏人伦的犯罪行为也屡屡出现在各地的电视新闻里。

这种情况，与两千年前耶稣的预言有着惊人的相似处。马太福音二十四章记载着，当门徒问耶稣："你降临和世界的末了，有什么预兆呢？"耶稣作了很深远的回答。

马太福音二十四章7-8节："民要攻打民，国要攻打国，多处必有饥荒、地震。这都是灾难的起头。"这是何等惊人的预言！因此，若有真正的信仰，就要像五个聪明的童女一样，时刻警醒。不要像另外五个愚蠢的童女，因没有预备好灯油而无法得救。

1. 主耶稣的空中降临与被提

两千年前，受十字架之刑而死，第三天胜过死亡而复活的耶稣基督，在众多人面前升上天去。

使徒行传一章11节说："加利利人啊，你们为什么站着望天呢？这离开你们被接升天的耶稣，你们见他怎样往天上去，他还要怎样来。"

预备好天国的居所，就要乘云而来的主耶稣

耶稣来到世上开启救赎人类的道路后，重返天国，坐在神的宝座右侧，在那里为神的儿女预备好居所后，就会在适当的时机再来（参考约翰福音十四章3节）。

那么，主会怎样降临呢？帖撒罗尼迦前书四章16至17节清楚地说了：耶稣将率领众多的天使天军和得救的圣徒从空中降临：

> "因为主必亲自从天降临，有呼叫的声音和天使长的声音，又有神的号吹响，那在基督里死了的人必先复活。以后我们这活着还存留的人必和他们一同被提到云里，在空中与主相遇。这样，我们就要和主永远同在。"

耶稣在众多天使天军的护卫中乘云而降的情景，将是多么壮观！那时，凭着信心而得救的圣徒将被提到空中，与新郎主耶稣一同摆设婚筵，庆贺七年。

当耶稣从空中降临时，对主有信心已死的灵魂的身体复活与自己的灵魂结合；而后活着且真正有信心的人，变成不朽坏的身体被

接到空中。

得救的圣徒被提，庆贺七年婚筵

有信心而得救的圣徒被接到空中叫做"被提"。这里所指的空中是哪里呢？

以弗所书二章2节说："那时，你们在其中行事为人，随从今世的风俗，顺服空中掌权者的首领，就是现今在悖逆之子心中运行的邪灵。"

"空中"是邪灵掌权的空间，虽是同一个空间，但要摆设空中婚筵的场所和邪灵居住之处，是不一样的地方。

辽阔的天空一望无际，到底要在哪里与主相见？又在哪里摆设七年婚筵呢？关于这个问题，在《天国》一书已做了具体的回答，只有正确认识属灵的世界，才能领会、完全相信圣经中的话。

在这罪恶的世代，因相信神而得救并努力做成新妇妆扮的人们，将会在空中与新郎主耶稣相会，并同祂一起摆设婚筵庆贺七年，那是何等愉悦而幸福的事啊！

"我们要欢喜快乐，将荣耀归给他。因为羔羊婚娶的时候到了，新妇也自己预备好了，就蒙恩得穿光明洁白的细麻衣。这细麻衣就是圣徒所行的义。天使吩咐我说：'你要写上：凡被请赴羔羊之婚筵的有福了！'又对我说：'这是神真实的话。'"（启示录十九章7-9节）

主耶稣再临后，落入七年大灾难的人如何得救？

当耶稣降临空中时，众邪灵将被赶出空中到这地上，那时那未被提的众灵魂将要遭受难以想象的灾难。

2. 没有被提的人将要经历的七年大灾难

当得救的圣徒在空中参加七年婚筵，同主一起共享欢乐幸福时，生活在地面上的人们将会遭遇史无前例的七年大灾难。

爆发第三次世界大战，人类都将被打上兽印

届时，将会爆发被称为"核战争"的第三次世界大战，全球森林的三分之一将被烧毁，世界人口的三分之一将要死亡，空气和饮用水被严重污染，食物及生活必需品的价格暴涨。

而且，未被提而留在地上的人，将在右手上或额头上打上代号为666的兽印，如果不接受这种印记，即成为身份不明者，不能做买卖，也不能购买生活必需品，受大逼迫。

> "它又叫众人，无论大小、贫富、自主的、为奴的，都在右手上或是在额上受一个印记。除了那受印记、有了兽名或有兽名数目的，都不得做买卖。在这里有智慧。凡有聪明的，可以算计兽的数目，因为这是人的数目，它的数目是六百六十六。"（启示录十三章16-18节）

耶稣在空中降临时，仍留在地上的人，其中有曾到教会参加礼拜的；有听过福音的；有曾经相信耶稣的，却半途离弃的；还有自以为信神，却未能被提的，这些灵命上的问题都会浮上台面。他们如果真正相信圣经，必会过虔诚的信仰生活，但他们总是半信半疑，甚至想："天国、地狱真的存在吗？死了以后才会知道吧！"处在这种不冷不热、摇摆不定的信仰是无法得救的。

一旦被打上兽印，就要受地狱之刑

直到耶稣再来，那信心摇摆不定的，这才相信圣经所记载的都是真的，懊悔之下千方百计地寻求得救之路。他们知道，一旦被打上兽印就会被打入地狱，受永无止境的酷刑，为了逃避不被打上兽印，总想表明自己是信神的。

> "又有第三位天使接着他们，大声说：'若有人拜兽和兽像，在额上或手上受了印记，这人也必喝神大怒的酒，此酒斟在神忿怒的杯中纯一不杂。他要在圣天使和羔羊面前，在火与硫磺之中受痛苦。他受痛苦的烟往上冒，直到永永远远。那些拜兽和兽像，受它名之印记的，昼夜不得安宁。'圣徒的忍耐就在此，他们是守神诫命和耶稣真道的。"（启示录十四章9-12节）

世界在邪灵的掌管之下，因邪灵也知道人如果不接受兽的印记，以身殉道就能够得救，邪灵定会想尽办法阻止人们殉道。

两千年前初代教会时，有好多基督徒受十字架之刑或被投进狮子坑里，有的则被砍头。如果按照这类方法殉道还比较容易，但是邪灵不会让人如愿以偿。那些邪灵为了把留在地上的人类全都带入地狱，将牢牢的控制，不断的折磨，让人无法逃脱魔掌。在那艰困的情况下，想自杀都办不到，而自杀是绝对无法得救的。

不接受兽印而殉道者还能得救

前面提到过，存在于世上的各种残酷的刑罚，但在大灾难中将出现与那些刑罚与痛苦是远远不能相比的无法想象的残忍的刑罚。那种痛苦是人所难以承受的，人们虽然极力寻求最后一次的得救机会，但能得救赎的，只有少数。

因此我们应当警醒，虔诚度日，免得落入七年大灾难，在主空中降临之前，都要预备好可蒙被提的真信心。

在祷告中，神启示我，人们在七年大灾难时将要承受的一些刑罚的画面。如剥掉全身的皮，折断全身的关节如手指、脚趾和胳膊、小腿，把滚烫的油泼在身上等等。有人在自己受刑时还能挺得住，但看到年迈的父母亲或年幼的子女受刑时，实在于心不忍，便向邪灵投降了。

只有极少数人在邪灵的诱惑和严刑拷打下，宁死不屈，表现对主坚定的信心，这种以殉道坚守信仰的，虽得到了救赎，但因是勉强得救，最终只能进入乐园。尽管如此，已是不幸中的大幸了。

有人存侥幸的心，以为到了紧要关头"透过殉道还能得救"，信主还来得及。试想在安逸的生活中，已经因迷恋世界而不能坚守信仰，到那时，在极其残酷的刑罚下，还能坚守信仰吗？如果错失殉道的机会，在耶稣降临前死去，只能被打入地狱。

3. 想在七年大灾难中得救，只有殉道

为了深入了解七年大灾难的情况，并引以为鉴，时刻警醒，下面举一个实例说明。

有一灵魂曾蒙神的厚恩，亲眼看到并听到神的荣耀之事的属灵奥秘，但她心里恶多，又小信。

但她在神的旨意中领受了属灵的恩赐，担当了许多对成就神国起到重要作用的重大使命，也作出了许多讨神喜悦的事。多数人想"既在教会里担当重任，肯定信心很大"，但以神的眼光看，并非如此。因神是看属灵的信心，不是看属肉的信心。所以，在教会里被重用的人当中，信心极小的也大有人在。

神所喜悦的属灵信心

首先，让我们透过以色列百姓出埃及的情况，了解什么叫属灵的信心。

当时，以色列百姓亲眼看到、听见神降十灾在埃及的事；他们目睹红海被分开，法老王和其大军葬身海底；亲身经历神白天以云

柱、夜间以火柱引导；饥饿时，得到神赐予的吗哪，也曾听过神坐在云柱上跟摩西说话的声音，并看过火的大能；后来还看到摩西击打磐石，便从中流出泉水，也体验过苦水变甜水。尽管经历各种神迹奇事，但他们依然无法得到神肯定的信心，最终未能进入迦南美地（参考民数记二十章12节）。

虽然知道神的话语，并且亲眼见到、亲耳听到神的大能，若不能遵行，就不算有真诚的信心。反之，若有属灵的信心，就能付诸行动，并彻底根除心中的恶，以耶稣基督的心为心，这才是神所喜悦的属灵信心。

傲气滋长，一再违背神，最后走上敌对神的路

然而如前所述，这灵魂的信心本来就很小，虽曾为了行内心的割礼做过一番努力。日子久了，反变得盛气凌人。

自以为站立得住，甚至认为若没有她，神无法实现祂的旨意。把恩赐完全据为己有，不归荣耀给神。喜爱别人的奉承和服事，惯用神的供物满足个人的欲望，甚至违抗神的旨意，诸如此类的事屡见不鲜。

正如以色列的第一任国王扫罗，因违背神的命令，遭到神弃绝一样（参考撒母耳记上十五章22-23节）。虽然曾领受神的恩赐而成就神的国，但因一而再、再而三地违背神的旨意，最终神离弃了她。

这灵魂知道神的话语，不仅清楚自己的罪，心中也感到害怕，

曾有几次表示过悔改。但只是口头上的，实际行动却依然故我，所以罪恶越积越深。

彼得后书二章22节说："俗语说得真不错：狗所吐的，它转过来又吃；猪洗净了，又回到泥里去滚。这话在他们身上正合式。"这灵魂就属于这种情况，刚刚表示悔改，却不断重蹈覆辙。

由于骄傲自满、利欲熏心又不肯悔改，最终被神抛弃，落入撒但的手中，成为它的工具。

在七年大灾难中，将会给予最后的得救机会

一般来说，恶意诽谤和亵渎圣灵的人总不得赦免，且永远得不到救赎，最终只能被打入地狱受刑。

可是这灵魂过去毕竟为成就神的国度而努力过，虽然因骄傲自满离弃了使命，但她曾讨神喜悦，因而神给了她最后的机会。

从现今的情况来看，她与神作对，落到不能得救的地步，但是神给了特殊的恩典，若是在七年大灾难之中能以身殉道，还有机会得救。

虽然她现在成了撒但的俘虏，但当耶稣空中降临，已得救的灵魂一个一个被提到空中的时候，她会如大梦初醒般顿然觉悟。因深知神的话语，知道以后的路应该怎么走，也清楚知道得救的路只有殉道一条，所以不仅开始认真悔过，还把未能被提的灵魂召集在一起，真诚地做礼拜、祈祷、唱诗赞美，为殉道做好一切准备。

以信心殉道，勉强得救

到了时候，这灵魂因拒绝接受代号666的魔鬼印记，将会被撒但的手下抓去严刑拷打。

撒但的喽啰首先把这灵魂全身的皮扒掉，接着用火烧烤柔嫩部位，包括生殖器在内。为了加重和延长受刑者的痛苦，会不断变更施刑的手法，伴随着痛苦的呻吟和哀号，散发出皮肉烧焦的难闻气味，这灵魂浑身上下会血肉模糊，面目全非。

在严刑之下，若能熬住不屈服，还能勉强得救。而且永远住在离神的宝座最远的乐园的边缘地方，对自己在这地上所行的事，常常后悔心痛落泪。

当然，在那里能得享无以形容的幸福生活，仅因蒙救恩的实事也能感恩不尽，但永远后悔自己因没能好好担当主托付与自己的使命，不得进入最为荣耀的新耶路撒冷。

又看着在世所认识的人们进新耶路撒冷过荣耀生活的场景，永远感到亏欠和惭愧。

如果不殉道而被打上兽印

假如这灵魂因受不了严酷刑罚而屈服，被打上代号666兽的印记，那就会在千年王国以前，被打入下阴间，钉在出卖耶稣的加略人犹大后面，第一排右侧的十字架上受刑。这时在下阴间被钉十字架所受的刑罚，和在七年大灾难中这灵魂受的刑罚相似：扒掉全身的皮，再用火烫。这种刑罚要反复进行一千余年！

这种刑罚将由地狱使者和曾经跟随她一同作恶的人施行。那些随行者也都是依据他们所犯的罪,受相应的刑罚。为了减轻自己的痛苦,将会把愤怒宣泄在那灵魂身上。

在下阴间接受这种刑罚,等到千年王国结束,接受大审判之后,将被投入地狱深处的硫磺火湖中,受更大的痛苦。

4. 主耶稣的再临与千年王国

七年大灾难结束后,耶稣将会再次降临地面,开创千年王国,地面上的恶灵被监禁在地狱的无底坑里,那时,参加七年婚筵的圣徒和在七年大灾难中殉道的圣徒与基督一同作王一千年,共享欢乐。

"在头一次复活有份的有福了、圣洁了,第二次的死在他们身上没有权柄。他们必作神和基督的祭司,并要与基督一同作王一千年。"(启示录二十章6节)

这时经历七年大灾难并未得救的幸存者,也能进入千年王国。然而未被救赎而死去的人(七年期间只有殉道才能勉强得救,因灾难和战争而死的未得救的人),则要在下阴间里继续受刑罚。

没有邪灵存在的千年王国

进入千年王国时期,人们将生活在如同伊甸园般美好和快乐的环境里。主和得救者——属灵的人虽然住在地面上，但与属肉的人不同的是，他们住在像君王的城邑一样分别为圣的地方。城内住着属灵的人，城外则住着七年大灾难中幸存者——属肉的人。

进入千年王国时，耶稣把整个地球的生态环境整顿。首先净化被污染的空气，接着改造山川、种植草木、绿化大地。

因为七年大灾难中幸存的人不多，属肉的人将致力于人口的繁衍。那时，地上空气新鲜，又不存在恶灵，不会有疾病和恶行。恶灵都被监禁在无底坑里，因而隐藏在人本性中的不义和恶无法发动。

挪亚洪水之前，人的寿命可长达好几百岁，千年王国时期，人口将会快速增长。千年之间，地球将会遍满人类，并且没有杀生的问题：属肉的人也不吃肉，只吃各种果类。

另外，在七年大灾难的过程中，由于战争祸患连连，各种文明设施遭到破坏，科学文明若要重新发展到现今的程度，需要相当长的时间。因为开发智慧、发展科学，都有逐渐进展的过程，所以要达到现今的水准，大约需要千年的时间。

属灵与属肉共存的千年王国

与主一起生活在地上的神的儿女，因为已变成不朽坏的复活体，因此不用像属肉的人依靠食物维持生命。属灵的人主要是闻花的香气，但是与属肉的人在一起时，偶尔也吃食物。

属灵的人可以闻花的香气，但却食之无味；排泄也与属肉的人不同，吃属肉的食物，会透过呼吸将排泄物分解在空中。

属灵的人与属肉的人相处时，将不断地向他们传讲耶稣基督，因为千年王国结束后，邪灵将暂时被释放到地面，来诱惑属肉的人，直到实行白色大宝座审判（参考启示录二十章3节）。

千年王国结束后，邪灵将再次来到地上迷惑人类

千年王国期间，属肉的人过着太平的日子，但千年王国结束后，从无底坑被释放出来的邪灵，重返地面，开始迷惑人心。

尽管千年王国时期，属灵的人不断告诫属肉的人受邪灵迷惑的下场，但大多数人都禁不起诱惑，这些被诱惑的人，将与圣徒敌对，甚至还会发动战争。

> "那一千年完了，撒但必从监牢里被释放，出来要迷惑地上四方的列国，就是歌革和玛各，叫他们聚集争战。他们的人数多如海沙。他们上来遍满了全地，围住圣徒的营与蒙爱的城，就有火从天降下，烧灭了他们。"（启示录二十章7-9节）

神将那些受迷惑而发动战争的属肉的人用火烧灭。那些暂时被释放出来的邪灵，白色大宝座审判后，要被投入无底坑里。而在千年王国期间出生的人，将要在神的公义中接受大审判。在此以前，已经死去并被投入下阴间的灵魂和在七年大灾难中虽幸存，但

未能得救的属肉的人，都将被永远地打入地狱。

得救的，则照个人信仰的程度，安排在新耶路撒冷等不同的居所，永远享受美好的生活。白色大宝座审判结束后，天国和地狱将完全分开。

5. 要成为主肯定的新妇

若想免受七年大灾难之苦，当妆扮准备好，如美丽的新妇等待新郎一样，迎接主耶稣的降临。

马太福音二十五章1至13节，耶稣用十个童女作比喻，无论对耶稣的信心多大，若不预备好灯油，到时候就无法迎接新郎主耶稣。

那聪明的五个童女事先预备好灯油，可以迎接新郎，而参加了婚筵。可是那愚拙的五个童女却未能如愿。那么如何才能像那五个聪明的童女，成为主美丽的新妇，不落入七年大灾难，参加七年婚筵呢？

谨慎自守，警醒祷告

即使是初信者或信心软弱的人，只要照个人信心的程度尽最大的努力行内心割礼，就是再大的磨难，也能得神的保守与看顾。不管环境如何恶劣，神必用圣灵的火焰围绕帮助，战胜一切困难。相反的，即使是信主很久，或在教会担任较高的职位，并清楚神的话语，若忽视祷告和内心的割礼，就无法得神的保护。

遇到难处的时候，只有分辨圣灵的声音才能得胜，若不祷告，怎能听圣灵的声音！若不能被圣灵充满，属肉的意念便会乘虚而入，撒但便诱惑人走向灭亡之路。

现今世代，邪灵也知道末日将至，因此如同吼叫的狮子，遍地寻找可吞吃的人。正如平常不用功的学生，考试前也知"临阵磨枪，不快也光"的道理，同样的，若懂得这是最后的机会，就当警醒，做好新妇妆扮。

离弃罪恶，以主的心为心才是警醒的人

如何备足灯油，保持警醒呢？那就该常常祷告、圣灵充满、完全遵行神的话语。

想知道自己的警醒状态？常检查自己是否彻底离弃心中的恶，遵行神的话语，并时刻圣灵充满，心灵圣洁。

警醒度日的人，能常常与神交通，不受邪灵的迷惑，胜过一切试探。因为保惠师圣灵给他预知未来，在他的前头指引他，并用真理的话语教导他。然而，不警醒的人因听不到圣灵的声音，入撒但的迷惑，走向灭亡之路。

衡量我们自身警醒程度的标准是：我们离弃心里的恶，遵行神的话语，成为圣洁的程度。

启示录二十二章14节说："那些洗净自己衣服的有福了！可得权柄能到生命树那里，也能从门进城。"在这节经文里，"衣服"指礼服，从属灵的角度而言，是指心和言行。"洗衣服"的含义是：要

脱去罪恶，彻底遵行神的话语，成为属灵的人，并以主的心为心。

如能达到心灵圣洁的境界，就能荣耀地进入天国。

洗净衣服，以信心得胜穿上白衣

那么，如何把衣服洗净呢？首先，应当装备真理并火热恳切的祷告，行内心的割礼，离弃一切非真理的心，以真理的心取而代之。

衣服若脏了，尚且换下洗干净。同样地，若心里有肮脏、丑陋的罪恶和不义，就应用神的话语洁净，以真理为衣，遵行神的旨意，并以耶稣基督的心为心。这样用信心和行为，做成心里的割礼的人，必蒙神的祝福。

启示录三章5节说："凡得胜的，必这样穿白衣，我也必不从生命册上涂抹他的名，且要在我父面前和我父众使者面前认他的名。"这意思就是：凭信心胜过世界，行在真理之中，心中充满真理，没有恶的人，就能进入天国得享永生。

信主再久，却仍行在黑暗中，这人是与神无关的，所以说："按名你是活的，其实是死的。"（参考启示录三章1节）神不看人的外表，而是看人的内心与言行。

好多坚守信心的先知甘愿被钉死在十字架上，或被石头砸死，惨烈的殉道还能感谢神，因为他们有信心、有盼望、有爱心，要迎接新郎耶稣。

这宝贵的信仰，不能只停留在得救的基础上，而是更深入，继续不断地努力，成为蒙主喜悦的新妇。奉主耶稣基督的圣名，祝福各位能达成主所愿的信心。

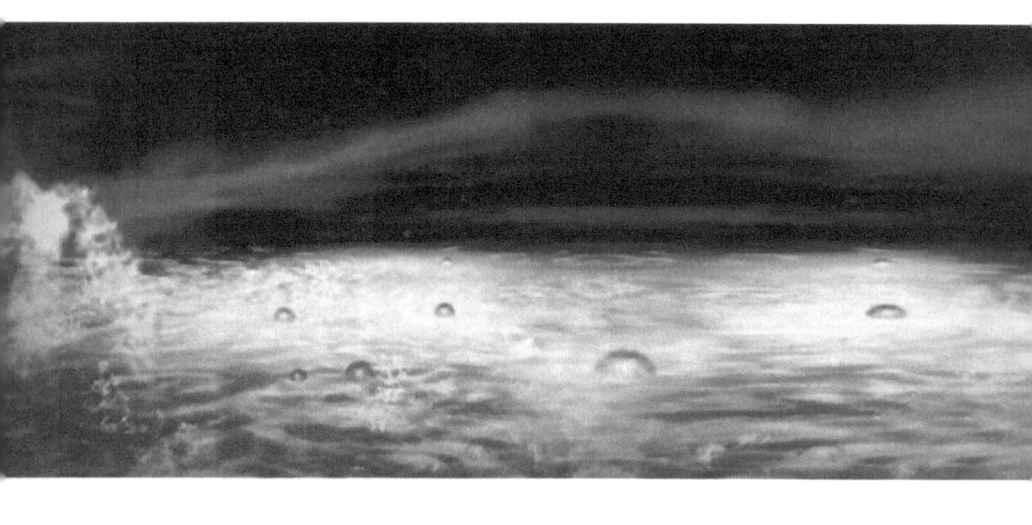

第八章

白色大宝座审判后，
被打入地狱的灵魂将受何种刑罚？

在那里，虫是不死的，
火是不灭的。因为必用火当盐，腌各人。
（有古卷在此有凡祭物必用盐腌）

马可福音九章48-49节

那迷惑他们的魔鬼被扔在硫磺的火湖里，
就是兽和假先知所在的地方。
他们必昼夜受痛苦，直到永永远远。

启示录二十章10节

当主再临地上，将进入千年王国时期。千年王国结束，就将进行白色大宝座审判，每个人按其所行，被判定上天堂或下地狱。上天堂的灵魂永享幸福，下地狱的则永受刑罚。

何谓"白色大宝座审判"？地狱又如何恐怖呢？

1. 白色大宝座审判后被打入地狱的灵魂

一九八二年七月，为开创教会向神祷告，神让我看到白色大宝座审判的场面：在神宝座前坐着主耶稣和先知摩西，周围则坐着一些如陪审团的人。

神的公正，是世间的审判官无法相比的，神要和担任律师的主耶稣、检察官摩西，以及陪审团，一起按着律法进行最终的审判。

决定于白色大宝座审判的地狱刑罚

从启示录二十章11至15节，神根据生命册上记载的名字、言行的案卷进行公正的审判。

"我又看见一个白色的大宝座与坐在上面的，从他面前天地都逃避，再无可见之处了。我又看见死了的人，无论大小，都站在宝座前。案卷展开了，并且另有一卷展开，就是生命册。死了的人都凭着这些案卷所记载的，照他们所行的受审判。于是海交出其中的死人，死亡和阴间也交出其中的死人。他们都照个人所行的受审判。死亡和阴间也被扔在火湖里，这火湖就是第二次的死。若有人名字没记在生命册上，他就被扔在火湖里。"

此处所言"死了的人"是指没有相信主耶稣，或是没有信心行为的人。届时他们将会复活，站在神的宝座前等候审判。

除了宝座前展开的生命册，还有其它的册子，按个人生前的一言一行，从生到死，都详细地记录在这些册子上。

例如：此人生前曾骂过谁、打过谁、发过脾气……点点滴滴都被天使像用摄影机一般拍下来，永久保留。在天国里，等到进行大审判时，公义的神就依据这些记载，对每个灵魂进行最终的审判，然后打入地狱永受刑罚。

按着生前的恶行，落入火湖受刑

经文中"于是海交出其中的死人"，并非把淹死在海里的人交出来。"大海"属灵的意思是指"人间世界"，意思是活在世间的人去世以后，为了接受大审判，将会重新复活。

"死亡和阴间也交出其中的死人"的涵义是不能获得永生，在下阴间受痛苦的人，也将复活接受大审判。

在下阴间受刑的那些灵魂，绝大多数要在神的面前接受大审判，然后被投入燃烧着硫磺的火湖里，即前所述，下阴间的刑罚只进行到大审判前夕。

"惟有胆怯的、不信的、可憎的、杀人的、淫乱的、行邪术的、拜偶像的，和一切说谎话的，他们的份就在烧着硫磺的火湖里，这是第二次的死。"（启示录二十一章8节）

火湖是比下阴间的刑罚更为残酷的刑场。"在那里，虫是不死的，火是不灭的。因为必用火当盐腌各人。"（马可福音九章48-49节）

大审判前，灵魂要在临时拘留的下阴间里，按着各自的罪，或被昆虫与兽类啃噬、撕扯，或受地狱使者拷打，等大审判结束后，就要受火湖或硫磺火湖烧灼的痛苦。

在火湖与硫磺火湖所受的痛苦，是下阴间无法相比的

讲述下阴间残酷的刑罚，已够心惊肉跳的了，令人不禁要为那受刑的灵魂感到懊悔，甚至流泪心痛。然而在下阴间所受的痛苦，若与燃烧着硫磺的火湖比较，还算小事。那痛苦究竟是什么滋味，实在超乎想象！

对灵界的事，属肉的人想象力再丰富还是很有限的。单凭想象很难理解，将来进入"永远美好的天国"，究竟好到什么程度？用欢乐、愉快、幸福、陶醉、美丽等佳句美词来形容天国之妙境，若与实况对照，尚无法比拟。直到进入天国，亲眼目睹，一切才真相大白！

同样地若未亲身去过地狱，只靠世间的刑罚来理解，是很难真正体会那里的痛苦的。

白色大宝座审判后，被打入地狱的灵魂将受何种刑罚？

受第一、第二阶段刑罚的要扔到火湖里，受第三、第四阶段刑罚的要扔到硫磺火湖里

地狱究竟有多恐怖？这世间的言语是很难说清楚的，而我对地狱残酷的描述，恐怕连百万分之一都不及。那里所受的刑罚，是永无止境的，正因是毫无指望的承受痛苦，就更难以忍受这遥遥无期的刑罚了。

下阴间里受第一、第二阶段刑罚的灵魂，在大审判结束后将被投入火湖；而受第三、第四阶段刑罚的灵魂，大审判结束后，则被投入硫磺火湖里。

尚未进行白色大宝座审判前，下阴间受刑的灵魂，遭受虫子的啃噬和地狱使者的拷打时，就已看到在远处燃烧的火湖和硫磺火湖里熊熊的火焰，他们明白将来大审判结束后的结局，所以内心更加恐惧，倍受精神上的痛苦。

下阴间里的灵魂因惧怕火湖之刑而发出哀嚎

为了解地狱的情况，我向神祷告并领受圣灵的感动，听到下阴间里一个灵魂恐惧的哀嚎声。下面如实记录当时地狱的凄凉和悲惨情况：

"这哪是人的面目啊！
当我想起出生和成长的世间，
现在的我哪还有一点尊严！

在这无限的悔恨和痛苦中，

如何冲出黑暗？解脱痛苦？

与其受这无尽的折磨，不如彻底死去吧！

连连不断的刑罚中，哪怕能歇息片刻也好，

可怜啊，我的处境，

若能一命呜呼该有多好。

想自我毁灭，但无法办到。

时间如此漫长，如此难熬啊……

只要一息尚存，痛苦就永无止境，

该怎么办，我该怎么办啊……

过不多久，

我将被投进那深不见底，熊熊烈焰的火湖里了，

我怎能承受得了那烈火的烧灼？

现在我已痛苦万分，

怎么还能忍受得了被投进火湖里呢！

烈焰让我害怕，高温令我难耐，

我想躲开那种刑法，不想忍受那种折磨，

可有什么办法吗？

我多渴望神能再给我一条活路，

可是我看不到，我将永远看不到那条路了！

白色大宝座审判后，被打入地狱的灵魂将受何种刑罚？

日复一日摆在面前的，惟有痛苦和绝望

如何熬过那漫长的时日，怎能忍受那无止境的痛苦啊？

多么想能有一条活路，一条得救的出路啊！

请可怜我，救救我吧！

我实在害怕，无法忍受啦！

请饶恕我，救救我吧！

我已受了那么多的痛苦，

还要让我在那火湖里继续受折磨吗？

饶了我，放了我吧！

可怜我，救救我吧！

救救我吧……"

一旦落入下阴间就永远无法得救

生命结束，任谁都不再有第二次机会。过去在世间的所言所行，都必须自己承担。

谈到天国和地狱时曾说"等死了以后就知道了"的人，死后就后悔莫及了。所以，当趁活着时明白这个事实。一旦被打入下阴间，不管如何后悔哀求，所得到的只是残酷的刑罚、无尽的痛苦和彻底的绝望。

如上述那哀叹不已的灵魂，明知已无路可走，但还抱着一线希望向神大声哀嚎，恳求神怜悯他，再给他一条活路。但他的哀求声只能渐渐化为无限伤感的啜泣，在地狱的空间回荡，慢慢消失，得不到任何回应……

在下阴间受折磨的灵魂，无论如何乞怜，都于事无补了。因缺乏真心诚意的悔改，在哀求得不到应允时，又会露出真正的面目——埋怨神、诅咒神，对此我们当了解，神绝不容许这等恶人进入天国。

2. 地狱的火湖与硫磺火湖的刑罚

下阴间的灵魂还可发出"怎会如此不幸来到这里？"的哀叹，或可发泄怨气，甚至筹算"如何才能从地狱使者的手中逃脱"。一旦落入火湖，因过度的痛苦，以至无暇思想。在火湖里受刑的惨况，就如把炒菜锅用油烧热后，往锅里撒一把盐，看到盐粒噼里啪啦地四处乱迸。大家想象一下自己坐在100摄氏度的沸水中会多么痛苦，然而地狱的火湖要比那烫得多，而硫磺火湖比火湖烫七倍。被投进火湖和硫磺火湖的灵魂，将在高温中永远受折磨。

白色大宝座审判前，下阴间从第一至第四阶段刑罚，若和地狱火湖的刑罚相较，其痛苦程度是天壤之别。神把那些未得救的灵魂投入下阴间，是让他们在一千年时间里好好地回顾自己的一生，并透过地狱刑罚的痛苦，认清自己的罪。然而落入地狱的人们，能认清自己罪行的人极难找到，他们只是发泄怨气更加发恶，这也就是神为什么要创置地狱的原因。

在有不死虫的火湖里，受盐腌般的折磨

1982年在我祷告当中，神不但使我看到了白色大宝座审判，又大略地看了火湖和硫磺火湖，如温泉般雾气蒸腾之地，隐约地看见朦胧的身影，有的能看到上半身，有的身子被投入在火湖里，只露出头。

对于地狱，照耶稣的话来说："在那里，虫是不死的，火是不灭的。因为必用火当盐腌各人。"（马可福音九章48-49节）那些灵魂为了减轻痛苦，像炒菜锅里乱迸的盐粒一样，蹦跳着，哀嚎着，或咬牙切齿，除此之外，无暇顾及其它事物。

生活在世上的人，嬉戏蹦跳，或到夜总会摇摆着身子狂舞，累了就可以坐下来休息，但在地狱，不是因快乐而蹦跳，乃是因痛苦至极而跳个没完，再苦再累也不得休息。

在炙热的高温和极度的痛苦中，因过度挣扎和哭号，眼睛布满血丝，脑袋翁地作响，甚至脑壳爆裂，脑浆四溢。那些灵魂又为了避开烈焰，抢一个温度较低的地方而互相挤压、践踏，但火湖里的火是永不熄灭的，无论到哪里都是一样，都躲不掉炙热的高温。

在白色大宝座审判前，下阴间由路西弗主管，一切的刑罚均照它的意思施行。但大审判结束后，下阴间则按着神的旨意和大能掌管，所以那里的温度始终保持恒温，火焰对灵魂只会产生痛苦，但不会烧死。在下阴间的灵魂虽被刀割或虫咬，马上又恢复原状。同

他们在炙热的高温和极度的痛苦中，因过度挣扎和哭号，眼睛布满血丝，脑袋嗡嗡作响，甚至脑壳爆裂，脑浆四溢。他们为了避开烈焰，互相挤压、践踏，但仍无济于事。

白色大宝座审判后，被打入地狱的灵魂将受何种刑罚？

样地，灵魂的躯体即使被火烧成灰，过不了一会儿就又恢复原状。

在炽热的火焰中全身被烧尽

那么，在火湖里的灵魂究竟有多痛苦呢？

也许各位从电视卡通中看过人被高压电击的情形，在触电的瞬间，透过黑漆漆的人形，能看到里面的骨头。电流消失后，就又看到人体原来的模样。

照X光时，能看到人体内的骨骼影像，被投进火湖里的灵魂也是如此，有时看到人体原来的模样，但忽然间，在炽热的火焰中，身体被烧得一干二净，只剩下其里面灵魂的形样，但随即又恢复原状，如此反复交替。

在世间，若受到三度灼伤，有的因经不起痛苦，精神崩溃，而且烫伤的火毒会持续好几天，甚至深入人体内部，损伤细胞，严重者足以致命。

但这种烫伤与火湖的刑罚根本无法相比。火湖里的灵魂，皮肤、肌肉、内脏、神经等全部都被烧尽，重新长出后再次被烧，反反复复永无止境。在这过程中，火湖里的灵魂求生不得、求死不能，片刻不得安宁。

比火湖烧热七倍的硫磺火湖

正如前面所讲的，毁谤、亵渎、干犯圣灵、把耶稣重钉十字架、公然羞辱耶稣、悖逆神、故意犯罪、拜偶像、丧尽天良、与神为敌等

想象一下，人喝炼炉中烧红的铁水之痛苦。口、食道和肠胃将被能够熔铁为水的热气所销化。在火湖里，人还能摇摆蹦跳，但在比火湖烧热七倍的硫磺火湖里，人们连细微的呻吟都发不出来，任何想法都不能浮现，只有令人窒息的痛苦连绵不断。

白色大宝座审判后，被打入地狱的灵魂将受何种刑罚？

等，这些人都要被打入硫磺火湖里。另外，不行神道，用悖逆神的谬误的道理教导人的假先知和假师傅也要被打入硫磺火湖里。

在熊熊的火湖里，红色的火焰燃烧着；硫磺火湖尽是硫磺的颜色，滚冒着如水瓢般大小的气泡，罪大恶极的灵魂将完全淹没在滚烫的硫磺里受刑。

因极度痛苦，丧失了喊叫的能力

在火湖里受刑的痛苦已无法形容。比火湖烧热七倍的硫磺火湖，受此刑罚的痛苦实非笔墨所能表达。

在火湖里受刑的灵魂，还能蹦跳、尖叫，但在硫磺火湖里，连喊叫的能力都丧失了，完全处于窒息状态，那痛苦在他们身上没完没了，地狱的生涯永无止境。

3. 白色大宝座审判之后，仍留在下阴间的灵魂

一般来讲，得救的灵魂在耶稣复活前居住在上阴间，耶稣复活后则进入乐园的暂居之所，等到主再临。但还没有出生就死在母腹中的胎儿灵魂，白色大宝座审判结束后，仍将永远住在上阴间。

在下阴间受刑的灵魂，待白色大宝座审判结束后，有的未被投入火湖或硫磺火湖的，又是何种情况呢？

青春期以前死去而未得救的孩子，灵魂仍留在下阴间

在未得救的灵魂中，受孕六月后死去的胎儿和青春期前（约十二岁以前）死去的孩子，不被投进火湖或硫磺火湖。

这些灵魂经过良心审判来到地狱，因他们的想法和行为主要受父母、祖先和环境的影响，公义、慈爱的神顾念他们尚无选择意志，所以在大审判结束后，不会把他们投入火湖或硫磺火湖里，但并非不再受刑罚，因他们未能得救，留在下阴间还是要永远受应得的刑罚。

罪的工价乃是死，离弃罪恶才能得救

除了他们以外，在下阴间受刑的灵魂，在神对人类的耕作结束后，依据各自的罪，被投入火湖或硫磺火湖里。

罗马书六章23节说："因为罪的工价乃是死；惟有神的恩赐，在我们的主基督耶稣里，乃是永生。"这里的"死"是被打入地狱的火湖或硫磺火湖里永远受刑罚和痛苦，在那里受残酷、可怕的刑罚，为自己所犯的罪付出代价。

地狱如此残酷的刑罚，实在令人害怕！耶稣曾说：当手脚、眼睛让你犯罪时，干脆砍掉手脚，挖掉眼睛，以残缺之躯进入天堂，也比完全之身进入地狱来得好（参考马可福音九章45-47节）。原因就在于此，手做了不该做的事，脚去了不该去的地方，眼睛看了不该看的东西，若因此而犯了罪，就该砍断或挖掉，旧约时代就是这样的。

羔羊主耶稣，为了替人类赎罪，心甘情愿地戴上荆棘冠冕，被钉在十字架上。如今靠着主的恩典，我们不用砍断手脚，不用挖掉眼睛，也可以完全地进入天国。

神子的显现，是为要除灭魔鬼的作为

因此，只要真心相信耶稣基督的宝血大有权能，就能得救，免受火湖和硫磺火湖之刑，得着永生。

约翰一书三章8-9节说："犯罪的是属魔鬼，因为魔鬼从起初就犯罪。神的儿子显现出来，为要除灭魔鬼的作为。凡从神生的，就不犯罪，因神的道存在他心里，他也不能犯罪，因为他是由神生的。"

所谓"罪"，不只是偷盗、杀人、诈骗等外在的行为，隐藏在心中的罪更可怕。神十分厌恶人内心的罪，比如随意论断、定罪、憎恨、诡诈、背叛等等。若带着恶进入天国，必定会在那里般弄是非! 因此这等人是不能进入天国的。

因此，果真蒙主的宝血洁净了，作神的儿女，就不应再作魔鬼的奴仆，而应行在真理之中，才能享受天国的福乐，在世间也能享有神儿女的权柄，得神赐福，万事亨通。

应禁绝口里说信神，却不断犯罪的行为

慈爱的神为救赎人类，爱子被钉在十字架，但有些人口里称耶稣为主，实际却随从魔鬼犯罪，走向地狱，神会不感到痛心吗?

若真是神的儿女，就当遵守神的诫命，惟有如此，才能向神坦

然无惧，凡所求的速蒙应允，恢复神的形像，成为神的真儿女，得以进入新耶路撒冷，并能得着打破黑暗权势的权柄，将被魔鬼辖制的灵魂释放归向神。

衷心祝福各位都成为神的好儿女，凡事都能如愿以偿，把这一切荣耀归于神，同时，拯救更多失丧的灵魂，免受地狱的刑罚，从而在天上得享像日头一样发光的荣耀。

4. 被禁锢在地狱最深处——无底坑里的邪灵

所谓"无底坑"是一个深不见底的坑。位于地狱的最底部，这里是审判邪灵而预备的场所。

> "我又看见一位天使从天降下，手里拿着无底坑的钥匙和一条大链子。他捉住那龙，就是古蛇，又叫魔鬼，也叫撒但，把它捆绑一千年，扔在无底坑里，将无底坑关闭，用印封上，使它不得再迷惑列国。等到那一千年完了，以后必须暂时释放它。"（启示录二十章1-3节）

主耶稣空中降临以后的七年当中，邪灵将会在地上肆无忌惮的兴风作浪，因而引发第三次世界大战，整个世界将如同地狱般悲惨。七年大灾难结束之后，将进入千年王国时期，到那时，邪灵会被禁锢在无底坑里，待千年王国结束后，暂时被释放出来。等到白色大宝座审判结束后，又将被禁锢在无底坑里，永远不得释放。

在此之前，黑暗世界由路西弗和其随从掌管，但从此以后，不论是天国还是地狱，都要由神来掌管。

邪灵是神耕作人类的工具

那么，丧失能力和权势的邪灵被打入无底坑里，将会受何种刑罚呢？其实，邪灵是神对人类进行耕作的工具。

天国里，已有无数的天军天使，神为何还要创造亚当，并在他鼻孔里吹入生气，对他的后代子孙进行耕作呢？那是因为神想得到真正能够了解祂心意，并能与祂分享真爱的对象。

如同贵族世家，奴仆对主人百依百顺，言听计从，可是自己的孩子却很放荡，不听父母的话。那么主人会喜欢顺服的奴仆还是自己的孩子呢？无庸置疑地，父母一定是喜爱自己的孩子。

同样地，天国里虽然有无数的天军天使，但神更深爱照着祂形像所创造的人类。天军天使如同机器人般，虽然对神百依百顺，却不能与神分享真爱（请参阅《十字架之道》）。

当然，天使与机器人是有差异的。机器人并不存在意识和感觉，也无法体会人的喜怒哀乐。但是天使和人类一样，能够感受喜乐或忧伤。

虽然天使不能与我们同欢乐、共哀伤，但感受是有的。所以当我们唱赞美时，天使也一同赞美，并把荣耀归于神；当我们跳舞，天使也跟着跳舞或演奏舞曲。天使没有主观意志，但与机器人相同，顺从主人的意思。

如同天使一样，邪灵也不过是神用来对人类进行耕作的工具而已。如同一个受造为没有善恶分别的机器，作为一个成就某种目的的工具，被使用在恶事上。

邪灵将如垃圾般被撇弃，禁锢在无底坑里

被打入下阴间的灵魂，在神耕作的过程中，都以自己的意识和情感选择"恶"。按照灵界"罪的工价乃是死"和"种什么，收什么"的法则，他们将被打入火湖或硫磺火湖里受无尽的痛苦。但除了鬼以外的邪灵，他们与耕作无关，所以大审判结束之后，邪灵如同垃圾一样被抛弃，禁锢在阴冷的无底坑里。

神的宝座位于天国中央的最高处，邪灵将被监禁在无底坑——地狱最深处的地方。邪灵在那幽暗、又冷、又潮湿的监牢里，如被一块巨大的岩石压着，一动也不能动，将在压抑中永远度日。

它们曾在天国里担当光荣的使命，坠落以后，在"恶"的世界里享有邪恶的权势。可是，它们在与神敌对的争战中打了败仗，不仅丧失了往日在天国时的荣光，也丢了在恶的世界里曾有过的权势。坠落的天使就成了受诅咒和耻辱的象征，翅膀被折断，彻底丧失了往昔的威风。

因灵是永远不灭的，所以不能消灭邪灵。但此时的邪灵已无法动弹。它们完全地丧失感觉、意志和能力，像被切断电源而无法运

转的机器人，也如被扔掉的布娃娃一样，成为废物。

仍在下阴间掌管刑罚的地狱使者

但有一种特殊的情况，为了对青春期以前死去的灵魂施予刑罚，有一部分地狱使者仍需留在下阴间。这部分地狱使者曾经对灵魂施刑时还能露出狞笑或说些嘲讽的话，但这并不是因为他们具有像人一样的情感，而只是因受路西弗邪恶之心的操控所致。

然而，等大审判结束之后，路西弗再也不能掌管、操控那些地狱使者，或赋予它们任何的情感，所以它们就成了既无主观意识，也无任何感情，只是执行任务的机器人罢了！

5. 鬼将居于何处？

神创造世界以前就已先造了天使、龙及其使者，但鬼不属于那样的受造物，而是神对人类耕作的过程里，未得救而死去的灵魂中，有一部分灵魂在特殊的情况下变成鬼，重返人间。

那么，人在什么样的情况下会变成鬼呢？

（1）将灵魂出卖给撒但的人

为了追求富贵荣华和满足个人私欲，接受邪术或借助邪灵的力量，如巫师之类的人，这种人死后往往会变成鬼。

（2）因自身的恶而自杀的人

因事业倒闭或因厌恶人生等为由选择自杀是一种蔑视神的行为。因生命是神所赋予的，自杀的行为完全不同于为国家或他人献出生命，例如看见有人溺水，为了救人而牺牲自己的生命。而历史上一些著名的爱国志士，为了国家而牺牲，这种义举不是出卖灵魂。

（3）曾经信神，但后来否认神，继而离弃信仰的人

例如：因失去儿女或遇到灾难便埋怨神，甚至与神为敌的人。

提倡进化论的达尔文就是属于这种人。原来他也相信创造主，但后来他挚爱的女儿死了，于是开始否认神，与神作对，而提倡了进化论。这等于把神的儿子重钉十字架（参考希伯来六章6节）。这种人死后有可能变成鬼。这里说"有可能"是因在某种情况下，也有可能不会变成鬼。

（4）曾相信神，并懂真理，但亵渎圣灵，干犯圣灵，说亵渎的话的人（参考马太福音十二章31-32节；路加福音十二章10节）

现今世界，口里宣称信神，却毁谤、亵渎、干犯圣灵的人并不少。明明看到只有神才能做的奇迹，却因自己的罪恶，无视于神，诽谤圣灵又破坏教会活动，随意判断定罪。若"相信"神，且处于领导地位，犯了这种罪，其罪就更重了。

这种人死后，将被打入下阴间，受第三、第四层重刑。在这类

灵魂中，有部分将会变成鬼，重返人间。（有关这方面的详细说明，请参阅另一著作《邪灵的世界》。）

鬼都受路西弗操纵

在大审判前，下阴间及黑暗世界由路西弗掌控，它从被打入下阴间的灵魂中选一部分重返人间，迷惑人类。这些灵魂就是所谓的鬼。

那些成为鬼来到这世界的灵魂，与活在世间时完全不同，他们已失去自己的意思和情感，在魔鬼的操纵下，照着路西弗的意思行动。换句话说：他们是邪灵世界里的工具而已。

这类鬼，如今也迷惑人类去爱世界，从前无法想象的骇人听闻的诸多罪行的出现并非偶然，受路西弗操控的众邪灵才是其元凶。

这类鬼，照灵界的法则，可以进入人体内控制灵魂，把人引向地狱，或使人患病或变成残疾。当然，并非所有的疾病和残疾都是因鬼作祟的原故，但有些疾病确是如此。

圣经的记载：因哑巴鬼附身而变成哑巴的孩子（参考马可福音九章17节）；也有因鬼附身，病了十八年，驼背到腰直不起来的女人（参考路加福音十三章11节）。

所有的鬼都在路西弗的操纵下，在邪灵世界执行最下端的任务。但是大审判结束后，他们的去处却不是无底坑。他们原来也是神耕作的人，因而要在下阴间和受第三、第四阶段刑罚的灵魂一起接受大审判，之后再被打入硫磺火湖里。

邪灵惧怕到无底坑

路加福音八章26至39节记载：耶稣遇见一个被鬼附身的人。当耶稣吩咐污鬼从那人身上出来时，那鬼回答说："至高神的儿子耶稣，我与你有什么相干？求你不要叫我受苦。"（28节）鬼又央求耶稣，不要吩咐他们到无底坑里去。

鬼最终要落入的居所，不是无底坑而是硫磺火湖，可是鬼为什么央求耶稣不要把他们打入无底坑呢？

那鬼在耶稣面前说的话，不是出于自己的意念，而是其背后主宰者的意念。换句话说：包括路西弗在内的邪灵都知道，按照神的计划，一旦结束对人类的耕作，他们将失去一切的权力和能力，被禁锢在无底坑里。他们的忧虑与恐惧，透过鬼的话表达出来。

鬼只不过是个代言的傀儡，代替邪灵表达对未来结局的恐惧心态，并在圣经里记录了下来。

鬼惧怕水和火的原因

教会创立之初，圣灵大大做工，出现了瞎眼看见、哑巴开口、小儿麻痹患者能正常行走、鬼被赶出去等神迹奇事，于是全国各地好多患者闻讯而来。

当我为被鬼附身的患者祈祷时，因为鬼是属灵性的，知道即将从患者身上离开，会央求我："不要往水或火里驱赶。"

那么，鬼不喜欢水和火的原因又是什么呢？

圣经记载鬼怕水和火的特性。在祷告时求问神，神的回答是：

白色大宝座审判后，被打入地狱的灵魂将受何种刑罚？

水是生命，是永生水，象征"神的话语"；火则象征"圣灵之火"。鬼属黑暗，所以怕水和火，因遇到水或火就会完全丧失能力。

马可福音五章记载：当耶稣吩咐污鬼从人身上出来时，鬼就央求耶稣，把他们打发到猪群里附在猪身上（参考马可福音五章12节）。耶稣答应了，两千头猪跳入海里全都淹死。这是耶稣为了禁绝鬼继续作祟，所以把他们送入水里。这样虽然不能消灭鬼的存在，但却使那些鬼完全丧失了能力。

圣经记载：污鬼离开人体，就在无水之地过来过去（参考马太福音十二章43节）。神的儿女惟有了解属灵争战，才能行异能。赶鬼时，知道鬼的特性，鬼就会害怕。若在无知的状态下对鬼说："鬼啊，进到水里去吧！进入火里去吧！"鬼是有恃无恐的。

路西弗为巩固自己的王国而挣扎

神是慈爱的神，但也是公义的神。

这世界上，再仁慈、有爱心的国王，也不能一再的宽容。若强盗与窃贼横行，就绳之以法，保护百姓生命财产的安全，这是国王当尽的责任。设想一个国王寄予厚望的儿子或臣子犯了重罪，若国王能以百姓的利益着想，就应忍痛割爱，予以惩处。

同样地，神就是爱，但也遵守灵界的法则。神喜爱路西弗，路西弗悖逆神后，神还是赋予它在黑暗世界里极高的权势，但路西弗和邪灵自食恶果，最终只能落入无底坑。路西弗早知道这个结果，为避免最终的下场，它极力壮大属于自己的王国。

为达到目的，早在两千年前，甚至更早以前，它害死先知们。在两千年前，当知道耶稣诞生的消息后，为阻碍神国的建立，以巩固它自己的王国，企图透过希律王之手除掉耶稣，所以希律王在撒但的唆使下，下令把两岁以下的婴儿全部杀掉。不仅如此，一旦出现彰显神大能的人，就千方百计要害死他。这种恶行一直延续了二千年之久。

然而，它的愿望终究不能得逞。论智慧或权势，它都无法超越神，因此最终的下场只能落入无底坑里。

神赐悔改的机会，并耐心等待

这世上的人都将依据个人的所行所为接受审判。不义的受咒诅和刑罚，善良的则得祝福与荣耀。

但神的爱永远不改变，即使是罪人，神也不会立即要他下地狱。神看一日如千年，千年如一日，祂既焦急又耐心地等待罪人悔改（参考彼得后书三章8-9节）。因为祂不愿看到一人沉沦，乃愿万人都得救。

在地狱的讲解中，那些在下阴间受刑的灵魂，神也曾耐心地等待他们悔改，当那些灵魂在地狱里，受无止境的折磨和痛苦时，神比任何人都心痛。

尽管神给予那些灵魂机会，这已是仁至义尽了，但他们始终不接受福音，或是口称相信耶稣基督，却仍活在罪恶之中，舍弃神赐给的机会，最终落入地狱，受残酷的刑罚。

对众圣徒而言，无论得时或不得时，总要传福音。假设下班回来看到家里失火了，孩子们正在屋里睡觉，肯定会想尽一切办法将孩子救出，更何况慈爱的神呢！当神看着按自己形像所造的人，因犯罪而走向那永受痛苦的地狱之火时，是多么的心痛啊！此时，若有人传福音，将那失丧的灵魂引向天国，父神的心会是多么的欣慰、喜悦！

通过以上有关地狱残酷的讲述，就知道神是何等看重拯救灵魂的工作。体会明白神的爱，就当积极传道，哪怕是一个灵魂也不能放过，要将更多的人引向天国。哥林多书前二章13-14节说："我们讲说这些事，不是用人智慧所指教的言语，乃是用圣灵所指教的言语，将属灵的话解释属灵的事。然而，属血气的人不领会神圣灵的事，反倒以为愚拙，并且不能知道，因为这些事惟有属灵的人才能看透。"

若非神透过圣灵做工，属血气的人怎能领会，并说出灵界的事呢？

奉主耶稣基督的圣名祝福各位，不仅要向往天国，更要了解属灵的世界，并要广传大审判的信息，引无数的人归主，得神的喜悦。

第九章

慈爱的神为何创置了地狱?

他愿意万人得救，明白真道。

提摩太前书二章4节

他手里拿着簸箕，要扬净他的场，
把麦子收在仓里，把糠用不灭的火烧尽了。

马太福音三章12节

距今两千年前，耶稣走遍以色列各城各乡，传天国的福音，医治各种病人。祂看到许多人困苦流离，如同没有牧人的羊群一般（参考马太福音九章36节）。

等待救赎的灵魂不计其数，但没有牧人，光靠耶稣在百姓中东奔西跑，无法细致入微地顾及每一个灵魂。于是耶稣对门徒说：“要收的庄稼多，做工的人少。所以，你们当求庄稼的主，打发工人出去收他的庄稼。”（马太福音九章37-38节）

实在迫切需要一批能够替耶稣用爱心教导真理，打破黑暗权势拯救众灵魂的义工。

放眼当今在疾病、贫穷、悲伤中受尽痛苦折磨的人们，多如过江之鲫，难怪耶稣急切寻找能承先启后的门徒，所以我们当体会主的心肠说：“我在这里，请差遣我。”

1. 盼望浪子回头，耐心等待悔改

有一家三口，父母和独生儿子。儿子忽然对父母说：现在就想取得将来的遗产。这些年，父母对儿子一直都是有求必应。若父母过世，财产由儿子继承是天经地义的，父母虽然疑惑，但知道反正早晚都要把财产给儿子，便答应了。

儿子拿到财产以后到了国外，起初充满了抱负和梦想，后来却放纵情欲，沉溺于花天酒地的享乐中，没多久，钱便用尽了。又碰上经济不景气，想挣点吃饭钱都很难，最后流落街头。

父母从他人口中得知独生子的情况，起初相当气愤，随后便心疼盼望孩子快回来！

神以慈爱迎接悔改的儿女

路加福音十五章记录了这种情况下父亲的心情。父亲把儿子送走后，每天倚门而望。终于盼到了，远远地望见儿子的身影，立刻迫不及待地跑过去，把儿子抱在怀里，高兴的不得了。

这位父亲为承认错误并悔改的儿子穿上最好的衣服和鞋子，戴上戒指，且宰杀一头肥硕的牛犊摆设筵席。这就是父神的爱。

神的子女即使犯罪或违背神的旨意，只要悔过自新，神不仅会宽恕，还会给予热情的回应。

当有一灵魂因真诚的信仰而得救时，神就会和众天使天军一同欢庆，因为神就是爱。

至今，父神仍然盼望浪子回头，热切期盼所有灵魂都能脱离罪恶，走向得救之路。

怜悯、慈爱的神

从何西阿书第三章，可以知道神对罪人充满了怜悯和慈爱。

耶和华神竟吩咐何西阿娶一个淫妇为妻。何西阿遵照神的指示，娶了淫荡的女子歌篾，可是没过几年，歌篾抛弃何西阿，嫁给另外一个男人。她不仅不守妇道，还把自己卖给了那个男人。

这时耶和华神又吩咐何西阿："你再去爱一个淫妇，就是她情人所爱的。"（参考何西阿书三章1节） 意思是要何西阿把抛弃他的女人再娶回来。试问天下有几个男人愿意这样做呢？

何西阿把歌篾用钱赎身娶了回来，并对她说："你当多日为我独居，不可行淫，不可归别人为妻，我向你也必这样。"（3节） 何西阿对歌篾没有责备和憎恨，而是给予宽恕及温暖。

从世人的眼光看，何西阿也许是一个很没有骨气的男人，但在他身上恰好显出神的慈爱。如同何西阿重娶背叛他的女人一样，神在等待着犯罪的儿女悔改而重新回到祂的怀抱。

亚当悖逆神之后，所有人类如行淫的歌篾一样，完全丧失了蒙神爱的资格，但是神却依然深爱着我们。耶稣为了救赎人类，即将离世时还向神祈求说："父啊，赦免他们！"至今，耶稣仍在父神的宝座前，代替罪人向神祈祷。

神还是愿意接纳背离的人，如同何西阿一般，神盼望着犯罪的儿女能够悔改，所以详细告知有关地狱的情况。这并非恐吓，而是盼望人们了解地狱惨状后，能够及时离弃罪恶，走向得救之路。

2. 慈爱的神为何创置了地狱？

创世记二章7节说："耶和华神用地上的尘土造人，将生气吹在他鼻孔里，他就成了有灵的活人，名叫亚当。"

创立教会第二年，即一九八三年，神让我看造亚当时的情况。神带着幸福的微笑，用泥土认真地捏造亚当，让人联想起幼儿抚摸心爱布娃娃的画面。

神造了亚当后，在他鼻孔吹了气，亚当就成了有灵的活人。这"灵"在任何情况下是永不能消灭的。用尘土造出来的肉体最终要归回尘土，但灵魂却是永存的。所以，神必须创置永不灭亡的灵魂所居住的地方，即天国和地狱。正如彼得后书二章9至10节所记载的，敬虔的人得救，进入天国；在不义中生活的人，将被打入地狱受刑。

> "主知道搭救敬虔的人脱离试探，把不义的人留在刑罚之下，等待审判的日子。那些随肉身纵污秽的情欲，轻慢主治之人的，更是如此。"

天国是永乐之处。相反，地狱则是拒绝神的灵魂居住的地方，在那里受永无止境的残酷刑罚。

那么，慈爱的神创置地狱的原因究竟为何？

耕作人类，分出麦子与糠秕

农夫为了得粮食，播种后还需努力耕作。同理，神为了得到真正的好儿女，所以，对人类进行耕作，到了秋收时，把人类划分为麦子和糠秕。麦子送入天国，糠秕则送进地狱。

> "他手里拿着簸箕，要扬净他的场，把麦子收在仓里，把

糠用不灭的火烧尽了。"（马太福音三章12节）

这里，"麦子"代表相信耶稣，恢复神的形像，遵守神话语的人；"糠秕"则代表不肯接受耶稣或口说信主，活在罪恶中的人。

秋收后，农夫把粮食存入仓库，把秕子作为肥料或者用火烧掉。神也是如此，经过审判后，把人分成麦子和秕子，麦子送进天国，秕子则投入地狱的火里。

我们生活的地球，有炽热的熔岩，透过自然现象，让我们体会阴间地狱的存在，而地狱在神耕作人类时是必需的，这是神创置地狱的原因。

创置地狱，把糠秕投入地狱的原因

或是有人质疑："满有慈爱的神让糠秕也进入天堂不行吗？"

在充满爱与善的天国里，倘若混杂着内心充满罪恶的人，会污染圣洁的天国。所以神必须创置地狱，将地狱与天国分开。

若不创置地狱，让义人和恶人共同居住在天国里，那么天国将会永远变成鬼哭狼号的黑暗世界。而神对人类进行耕作的目的，是为了要建立没有眼泪、哀伤、痛苦、离别、疾病的天国。在天国，神要与"麦子"样的儿女永远享受爱，所以必须创置专门监禁如同糠秕的人的地狱。

罗马书六章16节："岂不晓得你们献上自己作奴仆，顺从谁，就作谁的奴仆吗？或作罪的奴仆，以至于死；或作顺命的奴仆，以至成义。"

没有遵行神旨意的人，都属于罪的奴仆，也是魔鬼撒但的奴仆。在生前已成为魔鬼撒但的奴仆，死后也将在地狱里，继续受刑罚。

公义的神，按着所行报应各人

神就是爱，有怜悯有慈爱，但也是公义的神，按各人所做所行报应各人。

加拉太书六章7-8节记载："不要自欺，神是轻慢不得的。人种的是什么，收的也是什么。顺着情欲撒种的，必从情欲收败坏；顺着圣灵撒种的，必从圣灵收永生。"

栽种祷告与赞美，就能得到属天的能力，得以灵魂兴盛；栽种忠诚与侍奉，就能得到灵肉健壮的祝福；栽种物质（如十分之一和感谢礼物等），就能得到物质丰盛的祝福，用在成就神的国和神的义的事上。

"操练身体，益处还少；惟独敬虔，凡事都有益处，因有今生和来生的应许。"（提摩太前书4章8节） 所以只要敬虔度日，必使灵魂兴盛，有助神国事工，也会更蒙福。

若是播恶的种子，就会结出恶果。即使相信神，但若违背神的旨意犯罪，必然会遭受熬炼。

约翰福音五章29节："行善的复活得生，作恶的复活定罪。"

马太福音十六章27节，耶稣说："人子要在他父的荣耀里，同着众使者降临，那时候，他要照各人的行为报应各人。"

如上所述，神将通过审判，根据个人的言行表现，给予相应的奖赏或惩处，每个人会得到恰如其分的回报。

因此，每个人最终都要面临天国或地狱的结局。但这并非是神预定的，而是由个人的自由意志选择的，并按各人所言所行，报应各人。

3. 神愿万人得救！

神看重每一个宝贵灵魂，深深盼望所有的人都能借由主耶稣而得救。

神欢喜罪人悔改

如同一人有九十九只羊，但为了寻找那迷失的一只，不惜翻山越岭去寻找，这正是牧人的心情（参考路加福音十五章4-7节），神为引领一个罪人，也是不计代价去挽回。

诗篇一百零三篇12-13节说："东离西有多远，他叫我们的过犯离我们也有多远。父亲怎样怜恤他的儿女，耶和华也怎样怜恤敬畏他的人。"

以赛亚书一章18节后半节说："你们的罪虽像朱红，必变雪白；虽红如丹颜，必白如羊毛。"

神就是光，在祂毫无黑暗，祂又是善，所以厌恶罪恶。但罪人只要愿意痛改前非，祂不但既往不咎，还会给予鼓励和祝福。

我们哪怕对神的心了解一点点，也应当怜悯那些走向地狱之火的灵魂，用焦急的心为他们祷告，探访扶持软弱的灵魂，坚固他们的信心。

冥顽不化的灵魂，最后只能落入地狱

提摩太前书二章4节说："他愿意万人得救，明白真道。"意思是神恳切地盼望所有人都理解祂的心意，得到救赎，重回神的怀抱。

对仍在黑暗中彷徨的灵魂，神始终耐心地等待其悔改。但是，尽管神给予无数次的机会，甚至把独生子也献在十字架上。但始终不肯悔改的灵魂，最终必按着灵界"种什么，收什么"的法则，落入地狱了。

盼望众人能够深刻领会神的慈爱和公义，相信主耶稣，遵守神的旨意进天国得享发光如日头的荣耀。

4. 了解残酷的地狱之刑，就应放胆传道

真正相信天国和地狱存在的人，必然无法不传福音，因神盼望一个灵魂也不落入地狱，都能得救。

没有传道的就无法听见，更无法相信

从罗马书十章14至15节可知道，对于传福音的人，神是非常喜悦的。

"然而，人未曾信他，怎能求他呢？未曾听见他，怎能信他呢？没有传道的，怎能听见呢？若没有奉差遣，怎能传道呢？如经上所记：'报福音 传喜信的人，他们的脚踪何等佳美！'"

为了不受地狱的残酷之刑，应放胆传道

列王记下5章记载亚兰国的元帅、大能的勇士乃缦的故事。他立了救国大功，在王面前为尊为大。富贵、名誉、权势集于一身，应有尽有。

但他不幸得了大麻风。当时麻风病被人们看作是受神咒诅的不治之症，以致他的威严、富贵、荣华都已失去了其意义，连王也对他的病束手无策。

望着自己健康的身躯一天天溃烂，只好等待死亡的乃缦的心情该是多么绝望和痛苦！

甚至心爱的家人也因怕被传染而忌讳他的时候，乃缦彻底领悟自己的无能。

然而神在这外邦国度的元帅——乃缦身上也彰显了他的美意。先前亚兰人从以色列国掳了一个小女子，这女子就服事乃缦的妻。

接受小婢女的传道病得医治的乃缦元帅

虽是卑贱的婢女，但这小女子知道医治主人疾病的法子。她确

信撒玛利亚的神人以利沙必能医治自己主人的麻风病。

她并没有因自己身份低贱而羞于启齿，而是大胆开口传了神借着以利沙先知所彰显的权能。乃缦元帅听了就信了，便精心预备丰厚的礼物去寻求以利沙先知。

结果乃缦元帅透过神借着以利沙所彰显的大能，不仅身上的大麻风洁净了，而且解决了灵魂的问题，他便告白："将来要单单侍奉耶和华神。"

对此路加福音四章27节说："先知以利沙的时候，以色列中有许多长大麻疯的。但内中除了叙利亚国的乃缦，没有一个得洁净的。"

那么，以色列有那么多的麻风病患者，为什么除了乃缦元帅以外就无人得洁净呢？正是因为乃缦元帅内心善良、谦卑侧耳倾听别人的话。而且他是一个忠于国君，爱护百姓，甚至能为之献出生命的真善人，所以身为外邦人却得到了神的怜悯和救赎。

可是如果那小婢女没有给乃缦元帅传以利沙的权能，乃缦或许久治无效，离开了人世。可谓一国之元帅的性命掌握在一个小婢女的一张嘴上。

要大胆传福音，使众人免受残忍的地狱刑罚

在我们周围，存在许多类似乃缦将军的人，等着圣徒主动开口介绍这位大能的医生，他们为疾病所苦，其中最急需解决的是灵魂尚未得救，步入地狱的处境当中。

一想到终身受各种病症、百般的人生苦难，最终未能得救，落入地狱，永受残忍刑罚的众灵魂，不知多么可怜！身为神的儿女应当大胆传扬福音，拯救他们脱离死亡和地狱的刑罚。

因着大家的传道，那些注定灭亡的灵魂依靠主的能力重获新生，得以自由，父神会多么喜悦与欣慰啊！神必赐大家灵魂兴盛，凡是亨通，身体健壮的祝福。并使大家的信心快速增长，具备进入有神宝座所在的荣耀的圣城——新耶路撒冷的资格，而且因大家的传道，得救赎，进入天国的灵魂，也会世世代代、永远地感激。在世时，若不相信未能得救的，其灵魂将落入地狱，只能在无限的悔恨中度过漫长岁月。

因初代教会以后许多古人先知被刀杀、成为猛兽的食物、经受饥饿之苦牺牲生命，以大无畏的殉道精神开创了信仰之路，我们才能听到福音。哥林多前书九章16节，使徒保罗曾说道："我传福音原没有可夸的，因为我是不得已的；若不传福音，我便有祸了。"

因此，凡知道有关地狱信息的，应当深刻领悟神愿万人得救的爱，不仅要好好地过信仰生活，更应积极向更多人传福音。

人是按神的形像造的，祂视人比万物都尊贵，与神敌对就是自取灭亡，应行在光明中，遵行真理，成为神真正的儿女。

奉主耶稣基督的圣名祝福各位，及早接受耶稣基督，以神儿女的身分得蒙神的祝福，并要充分发挥光与盐的作用，把更多的灵魂引向得救之路。

地狱
Hell

本书所引圣经经文取自《现代标点和合本》

作　　者: 李载禄
编　　辑: 宾锦善
设　　计: 乌陵出版社设计组
发　　行: 乌陵出版社（发行人: 宾圣男）
印　　刷: 艺源印刷厂
出版日期: 2002年7月初版（韩国，乌陵出版社，韩国语）
　　　　　2007年6月初版（台湾，天恩出版社）
　　　　　2012年1月二版（韩国,乌陵出版社）
　　　　　2012年6月三版（马来西亚,万民出版社）

Copyright © 2012 李载禄博士
ISBN 978-89-7557-488-7
Translation Copyright © 2007 郑求英博士

问讯处: 乌陵出版社
电　　话: 82-2-837-7632 / 82-70-8240-2072
传　　真: 82-2-869-1537
E-mail: urimbook@hotmail.com

"乌陵"是旧约时代的大祭司为了求问神的旨意而使用的决断的胸牌，希伯来原意为"光"（出埃及记28章30节）。"光"代表着将我们引入生命的神的话语，因此"乌陵"也是代表着本为光的神。乌陵出版社为了用真光照亮整个世界，如今正在以祷告和赤诚，奔跑在文书宣教的前沿。

www.ingramcontent.com/pod-product-compliance
Lightning Source LLC
Chambersburg PA
CBHW020239130626
46549CB00005B/1965